생일만으로 알 수 있는
간지 직업 적성

지은이 **마고 명리 연구회**

저희 마고 명리 연구회는 명리학(命理學)에 대한 학습,
연구, 강의, 상담 등을 목적으로 하며 누구에게나 열려
있는 모임입니다.
(문의 : magocenter@naver.com)

생일만으로 알 수 있는
간지 직업 적성

마고 명리 연구회 지음

좋은땅

들어가는 말

이 책은 생일만으로-생년월일을 간지력(干支曆)으로 전환시켜-직업 적성을 알아보는 방법에 대해 기술한 글입니다.

간지력(干支曆)은 숫자로 된 양력이나 음력을 간지(干支)로 바꾸어서 쓰는 달력입니다. 주로 명리학에서 많이 쓰입니다. 명리학에서 쓰이는 간지력을 사용하므로 명리학의 원리를 이용하여 직업 적성을 예측하는 방법을 설명하였습니다.

즉, 생일을 간지력(干支曆)으로 전환시켜 간지(干支)의 분석으로 직업 적성에 대한 궁금증을 해소하고 알아볼 수 있도록 구성하였습니다.

다만 각 간지(干支)에 해당하는 직업 적성의 종류가 분류되는 이론적 설명은 간략하게 기술했습니다. 고증적이고 자세한 설명은 전문적인 공부를 하는 분들을 위한 것이기에 직업 적성을 위해 꼭 필요한 부분만 기술하였습니다.

이 책이 직업 적성을 결정하는 데 독자님들의 궁금증과 고민 해소에 일말의 도움이 되기를 바랍니다.

또한, 자녀의 진로를 위해 이 책을 선택하신 독자님들의 귀한 자녀의 앞날에 기쁜 일만 가득하시기를 기원합니다. 아울러 참고용으로 읽어 주시는 독자님들께도 만복이 가득하시기를 기원합니다.

마고 명리 연구회 올림

차례

제3부 간지와 십성

제 1 부

生日만으로
직업 적성을 알 수 있다?!

이 책의 제목을 보시고 태어난 연도, 월, 일만으로 자신의 직업 적성을 알 수 있다니 이건 또 무슨 허황한 소리인가 하실 수 있습니다.

결론부터 말씀드리면 다음의 도표 하나만으로 직업 적성을 예측할 수 있습니다.

19**년 *월 *일		
丙	戊	甲
申	辰	子

위 그림의 한자들은 양력 생일을 간지력(干支曆)으로 바꾸어 나타낸 것입니다. 각 칸의 글자들에 색깔을 입혀 놨는데요, 결론은 위, 아래 같은 색깔이 나타내는 글자로 직업 적성을 삼으면 됩니다.

위, 아래 같은 색으로 쓰인 글자를 보시면 위는 무(戊), 아래는 진(辰)이라 쓰여 있습니다. 위아래가 똑같이 노란색으로 이 생일에 태어난 사람의 직업 적성은 5. 무진(戊辰) 적성이 되겠습니다. 어떤 적성인지 알아낸 후, 간지 적성 참조표에서 5. 무진(戊辰) 적성을 찾기만 하시면 직업 적성을 알게 됩니다.

어떤 원리로 위와 같은 적성을 도출해 낼 수 있는 것인지, 5. 무진(戊辰) 적성은 또 무엇인지 궁금하실 겁니다. 이 책에서는 아무 어려움 없이, 아주 쉽게 차근차근 설명해 드릴 것입니다.

대부분의 사람들은 일상생활에 필요한 곱셈과 나눗셈을 하기 위해서 기본적으로 구구단을 외울 줄 압니다. 이 책은 구구단을 외우는 정도의 난이도로, 간지력(干支曆)을 통한 직업 적성에 대한 내용을 파악하시도록 설명되어 있습니다.

산책하는 마음으로 이 책의 안내에 따라 한 장씩 넘기시며 간지 직업 적성에 대해 알아보시기 바랍니다. 생소한 단어들은 뒤에 설명이 있으니 일단 일독하시기 바랍니다.

자, 그럼 이 쉽고 간단한 법칙을 도출해 내는 원리를 하나씩 알아보실까요?

1. 유명인 직업 적성의 예와 분석표

(1) 전 스케이트 선수

다음은 유명 피겨스케이팅 월드 챔피언의 생일입니다. 어려서부터 적성을 잘 선택하여 이른 나이에 큰 성공을 이루었습니다. 국민적 사랑도 많이 받고 있는 인물입니다. 또한, 2020년을 기준으로 연예인과 같은 인기를 얻으며 계속하여 부와 명성을 쌓아 가고 있습니다.

이 인물은 경오(庚午)년 갑신(甲申)월 계유(癸酉)일에 태어났습니다.

생일: 19**년 **월 **일		
癸	甲	庚
酉	申	午

어떤 사주가들은 '계유(癸酉) 일주가 맑고 투명한 얼음판을 그대로 상징한다.'거나, '월지의 정인 신금(申金)이 어머니의 헌신적 노력을 암시한다.'는 등의 분석들을 내놓습니다.

물론, 틀린 해석은 아닙니다. 그러나 일주가 계유(癸酉)면 모두 얼음판과 관련된 직업인일까요?

계유(癸酉) 일주에 월지가 신금(申金)이면 모두 헌신적인 노력을 베푸는 어머니가 있는 사람일까요?

이미 적성을 잘 살려 직업으로 취하고 성공까지 한 사람의 사주를 알고 이렇게 분석하는 것이라면 무슨 의미가 있을까요?

그보다는 어떤 적성으로, 어떠한 직업군을 가지고, 어떻게 성공하는 인생을 살아갈까를 예측하는 것이 더 중요하지 않을까요?

다음은 어느 사주 전문가들이 이 명식을 분석한 글입니다.

분석 1) 목화토금 기운의 배열이 좋으면 큰 무대에서 크게 성공하여 이름을 널리 떨친다.

분석 2) 이 사주에서 알 수 있는 첫인상은 월지와 일지에서의 찬물과 견고한 금의 기운이다.

분석 3) 이 사주의 일반적 형국 외에, 강한 인성-행운이나 어머니, 교사의 영향을 알려 주는 금기(金氣)-을 볼 수 있다.

이 사주의 인성은 경(庚) 천간의 지원을 받는 신유합(반합)에 의한 금국에서 유인한다.

음수 기운의 특성이 있어, 유연할 뿐만 아니라 금기에서 오는 끈기도 있다.

어째 이 명주의 상황을 잘 알고 나서 사주를 분석한 것 같은 것은 저만의 느낌일까요? (일반인의 입장에서 생소한 단어들을 빼고도 의미는 파악할 수 있습니다.)

모르는 상황에서 정확한 예측을 했다기보다는 이 명주가 크게 성공한 후에 그 결실을 알고 나서 통변(=풀이)을 한 것 같은 느낌이 더 강하게 듭니다.

그렇다면 이 명주가 크게 성공하기 전 어렸을 때(보통 초등학교에 입학할 무렵부터) 직업 적성과 진로에 대한 상담을 의뢰해 온다면 어떻게 상담해줄 수 있을까요?

간단히 말하자면 다음의 표와 같습니다.

홍길동		19**년 **월 **일	
	癸(계)	甲(갑)	庚(경)
	酉(유)	申(신)	午(오)
1군-21. 갑신(甲申) 적성			

* 군·검·경, 교도관, 행정, 정치, 외교, 언어, 교육, 학원.
* 위험·비밀·조직 관리, 위험한 사물·물질·문서·사람을 관리/조작.
* 폭발물, 칼, 무기류, 특수한 프로그램이나 해킹, 특이한 면허, 자격, 훈련 과정, 스포츠, 특허 관련, 변화가 많은 직업.
* 사람 몸을 만지거나 다루는 일·직업·학업, 예술계.
* 대기업 운영, 대기업/관공서에 용역, 납품, 프랜차이즈 대리점.
* 이동이 많거나 무언가를 세워 올리는 일.
* 종교, 생살여탈직, 음식업, 항공 우주, 로비스트.
* 무역, 관광, 해운, 특수직, 외무직, 기자, 경찰조직, 학문과 기술을 바탕으로 하는 직업.
* 권력계, 의약계, 해외기관, 사업, 운수업.
* 쇠붙이 관련업, 재봉사, 의상디자이너.

2군-57. 경신(庚申) 적성
* 순수 학문 연구, 문학, 심리, 철학, 종교.
* 발명 특허, 전문기술, 의료.
* 교육, 강의, 교육 사업.
* 예술, 연예, 예체능.
* 금융(주식 · 보험) 컨설팅, 세무, 기업, 특수 사업.
* 기계, 기술, 금속, 철도, 운전, 운송업, 중장비 관련.
* 고시, 군 · 검 · 경, 수사 기관, 교도관, 공직, 정치.
* 무관, 프로 스포츠, 운동선수, 오락/레저업.
* 제조, 납품, 유통, 토목, 건축, 기관, 해양 수산 관련.

이 명주와 관련하여 직업 적성 문의가 들어온다면 위의 표와 같은 내용을 언급할 수 있겠습니다.

일종의 통계학이면서 자연과학으로서의 명리학을 공부한 사람은 위의 표에 열거된 직업 적성의 내용을 설명하게 될 것입니다.

즉, 이러이러한 직업(표에 열거된 직업군)을 갖고 살아갈 수 있으니 본인의 선호도와 희망 사항, 특기, 부모님 및 가정의 상황 등을 종합적으로 상담하고 분석하여 본인이 원하는 대로 진로를 선택할 수 있게 환경적으로 도와주어야 한다고 조언하게 될 것입니다.

현재 이 명주의 상황을 보면 위 열거된 직업 적성군 중에서 관련된 키워드는 [특이 자격 및 훈련, 프로 스포츠, 예술, 쇠붙이 관련, 교육, 연예] 정도가 되겠습니다.

만일 이 명주가 아무런 사전 지식 없이 어렸을 때 진로에 대한 명리학적 상담을 했다면, 이 명주가 크게 성공한 스케이터가 되고, 국민적 인기를 얻게 되며, 선수 생활 후 자신의 회사를 운영하고, 각종 방송 및 광고로도 큰돈을 벌며 연예인과 같은 인기를 누릴 것이라고 예측할 수 있는 상담가가 있었을까요?

아무리 뛰어난 실력을 가진 수십 년 이력의 명리 전문가도 이렇게 구체적이고 정확한 직업명을 예견할 수 있고 재물에 대한 규모까지도 정확하게 예측할 수 있는 사람은 극히 드물거나 없을 것입니다.

그 이유는 고전 명리학에서 구분하는 직업의 종류는 몇 가지 안 되지만-사실상 사농공상이 전부였던 시대-2020년을 기준으로 대한민국의 직업 수는 1만 개가 넘기 때문입니다. 전 세계적으로는 직업 종류가 더 늘어나겠지요.

다만 상담가로서 위 표 내용의 직업군들을 알려 주어 직업 적성에 대한 조언을 해 줄 수 있을 뿐입니다.

만약 이 명주가 7세부터 스케이팅을 배우기 시작했다는 정보를 상담가가 제공받았다면 앞으로의 성공 여부 정도는 어느 상담가라도 분석이 가능하다 하겠습니다.

이 명주가 7세 때부터 스케이팅을 접한 이후 한 가지로 큰 성공을 이루었기에 '신의 한 수' 격인 적성 선택이라 할 수 있겠습니다.

모친 및 코치의 영향이 지대한 것도 사주에서 보이지만 스케이팅에 관한 정보가 없다면 달리 해석될 수도 있습니다.

전공이 사범대 체육교육학과이고 후진 양성도 겸하기에 '교육'과 연관이 있는 것도 일리가 있다 하겠습니다.

또한, 단순 스포츠가 아닌 예술성이 가미된 스포츠이고, 연예인 못지않은 외모와 인기, 각종 행사 및 광고를 통한 명성과 부를 쌓으니 '예술, 연예, 사업'이라는 말과도 연관이 있겠고요.

이외에도 여러 가지 분석할 영역이 많지만 이 유명인에 대해서는 이 정도로만 정리하겠습니다. 이 책은 직업 적성 부분만을 알아보는 방법 위주로 기술되어 있으니까요.

독자의 입장에서 이 경우의 한 가지만으로는 의심을 거두고 전적인 믿음을 가지실 수 없는 것이 당연할 것입니다. 좀 더 많은 유명인의 사주와 직업을 비교해 보면서 직업 적성을 예측하는 방법을 순차적으로 기술해 나가겠습니다.

(2) 배우

이 명주는 (1)번 명주의 일주와 같은 일주를 가졌습니다. 굳이 (1)번 명주와 같은 일주를 가진 인물을 예로 든 것은 일주로만 직업 적성을 결정하는 일부 이론이 절대적인 것은 아니라는 것을 말하고자 함입니다.

홍길동	19**년 **월 **일		
	癸(계)	戊(무)	庚(경)
	酉(유)	子(자)	申(신)

1군-25. 무자(戊子) 적성

* 개념 · 현상 · 사람 · 물질 · 물건 등을 설명 및 강의하는 직업, 통제 · 관리 · 중개하는 교직, 컨설팅 · 보험 관련업.

* 운동, 오락/레저, 연예.

* 농업, 농수산물, 식품, 토속 건강식품.

* 전문기술, 특수기술, 운송, 무역, 해운, 수산.

* 요식업, 자영업, 숙박업.

* 의료, 종교인, 역술인.

* 공직, 금융, 보험, 회계, 경리, 경제, 사금융.

* 토목, 건축, 설비, 부동산, 경매.

2군-60. 계해(癸亥) 적성

* 물 · 소리 관련업, 인기 · 생명 · 의술 · 연예 관련.

* 예술적 감수성 · 재능 탁월, 문학, 다재다능(소리 · 춤 · 몸), 연예, 예술, 음악, 엔터테인먼트.

* 연구 전문직, 수리과학, 통계학.

* 피부 · 몸, 운동, 의약, 미용, 간호, 물리치료, 생명공학.

* 법조, 정치 외교, 학자, 교육, 멘토, 상담.

* 항공, 무역, 수출입통관 · 관세, 관광.

* 새로운 공법의 건설, 영업, 부동산.

* 과학, 발명, 기획, 기술지식 산업.

* 구류술업, 중개, 중매, 농수산, 선원.

이 명주는 뮤지컬 배우로 활동하며 입지를 다졌으며, 현재는 스크린, 안방극장, 연극 무대를 넘나들며 활발하게 활동 중입니다. 원래 꿈은 클래식 기타리스트여서 기타 실력도 수준급입니다.

이 명주와 연관된 키워드는 [연예, 다재다능(소리·춤·몸)]이 되겠습니다.

(3) 법조/정치인

이 명주 또한 (1)번 명주의 일주와 같은 일주를 가졌습니다. 역시 일주만으로 직업 적성을 결정하는 것이 절대적이지 않음을 예로 보이기 위함입니다.

홍길동		19**년 **월 **일	
	癸(계)	壬(임)	戊(무)
	酉(유)	戌(술)	戌(술)
1군-59. 임술(壬戌) 적성			
* 보편적·일반적 직업 적성, 공기업, 대기업.			
* 창의적 연구의 교수직, 창작, 전문연구직, 교육.			
* 언론·신문, 방송·TV, 프리랜서, 인기 직종.			
* 고위 공직, 정치, 공사조직, 기획, 조직관리.			
* 의사, 약사, 생명공학.			
* 서비스업, 제조, 납품, 숙박, 해운, 승마, 스포츠.			
* 금융, 재정, 경제, 주식, 세무.			

* 토건, 부동산, 공학, 화학, 금속업, 특수기술.
* 법조, 군·검·경, 교도관, 특정직 공무원.
* 생사여탈직, 활인업, 구류술업.

2군-35. 무술(戊戌) 적성
* 군·검·경·교도관, 정치·노동조합·시민단체 활동, 철학·역사·고   고학·인류학, 교육.
* 농업, 토산품, 창고, 고물상, 부동산, 건축업.
* 종교, 종교 서적, 고서화, 역학, 예술, 기예.
* 의약, 한의, 전문기술, 연구직, 공직.
* 상담, 역술인, 무속인, 퇴마사, 정신과 의사.

이 명주는 판사 출신으로 국회의원과 법무부 장관을 역임하였습니다. 일설에 의하면 모 재벌이 이 명주에게 '돈 안 받는 사람'이라는 표현을 했다고 합니다.

이 명주와 연관된 키워드는 [검경, 고위 공직, 정치]가 되겠습니다.

2. 직업 적성을 알기 위해 해야 할 일

시대가 변하고 기술이 발달한 현재에는 직업 적성을 알기 위한 여러 방법과 도구들이 많습니다. 이 책에서는 한 사람의 생일, 즉 생년월일만 가지고 직업 적성을 예측하는 방법을 기술한다 했습니다.

그 방법에 있어서 제일 먼저 할 일은 휴대폰의 앱에서 만세력을 내려받는 것입니다. 만세력을 이용하면 신속하게 간지력(干支曆)으로 변환시킬 수 있으니까요.

자, 지금 당장 설명에 따라 한번 시도해 보실까요?

휴대폰이나 컴퓨터 앱의 검색창에서 만세력이라 치시고 돋보기 모양을 눌러 보시죠. 역시나 아주 많이 편리한 세상이라 여러 가지 앱이 나타나지요?

독자께서 눈길이 가시는 어느 만세력이든 상관없습니다. 마음에 드시는 모양이나 색깔의 이끌림에 따라 한번 둘러본다는 느낌으로 시작하시는 겁니다.

아무리 족집게 운운하며 광고하는 각종 신통하다는 만세력이라 할지라도 우리에게 필요한 것은 단 한 가지, 다음과 같은 그림뿐이니까요.

시	일	월	연
庚	戊	丙	甲
申	午	寅	子

이 책에서 직업 진로 적성에 관해서 예측 및 분석하는 방법은 초등학교 5~6학년 정도의 학력이면 누구나 이해할 수 있게 기술하였습니다. 푸는 방식만 알면 누구나 알 수 있는 일종의 수학 공식과 같은 것이라 생각하시면 됩니다.

달랑 이 여덟 글자로 어떻게 적성을 예측할 수 있게 되는지 궁금하지 않으신가요? 궁금하고 한번 알아봐야겠다는 호기심이 생기셨다면 절반은 벌써 성공하신 거랍니다. 시작이 반이라는 말 때문이지요.

아, 저 위의 표는 태어난 시간까지 나타낸 것이고요. 생일만으로 알아보는 방법이라 했으니 실질적으론 여섯 글자가 되겠습니다.

이토록 쉽고 간단한 방법을 위해 독자들께서 하실 일은 이 책을 읽어 주시기만 하면 됩니다. 보는 방법만 알면 적성을 사전처럼 찾아보실 수 있게 적성표도 작성해 놓았으니 어려울 것은 없을 것입니다.

정리하자면, 직업 적성을 알기 위해 할 일은 첫째, 만세력 앱을 켜고 둘째, 간지 직업 적성 중 어느 것인가 파악한 후 셋째, 참조표에서 그 적성을 찾기만 하시면 됩니다.

이 세 가지 단계만 습득하시면 생일만으로 직업 적성을 알 수 있는 방법을 터득하시게 될 것입니다.

3. 몇 가지 직업 적성 분석의 예

(1) 외과 의사/교수

홍길동		19**년 **월 **일	
	丁(정)	戊(무)	己(기)
	卯(묘)	辰(진)	酉(유)
5. 무진(戊辰) 적성			

* 흙, 도자기, 화초, 농업, 농축산, 도축업, 임업, 광업, 토목, 건축, 건설, 건물관리.
* 공무원, 공직, 공익봉사, 교육, 공기업, 대기업, 일반 사회 조직, 시민단체.
* 은행, 보험, 금융, 자영업, 음식, 식품 대리점, 납품업.
* 예술, 방송, 언론.
* 교통, 선박, 해운, 수산.
* 군·검·경, 법관, 무관직, 외과 의사, 의료 관련, 종교, 생살여탈직.

이 명주는 외과 전문의로 외상 치료 부문에서 한국 최고 권위자이며 여러 방송 출연 등으로 유명한 의사입니다. 2012년 응급의료에 관한 법률 개정이 통과되는 데 크게 기여하였습니다.

2011년 아덴만 피랍 사건 당시 선장을 위해 오만에 급파된 이 명주는 자신의 돈이라도 낼 테니 이송부터 하자며 한국으로 호송할 것을 적극 주장해 치료했고 국민포장을 받기도 했습니다. 2017년 판문점 귀순 북한군 총격 사건 시에도 이 명주가 수술을 집도하여 이목이 집중된 바 있습니다.

이 명주와 연관된 키워드는 [공익봉사, 외과 의사]가 되겠습니다.

(2) 물리학자

홍길동		19**년 **월 **일	
	辛(신)	辛(신)	辛(신)
	酉(유)	丑(축)	巳(사)
58. 신유(辛酉) 적성			
* 학자, 활인, 종교, 교육, 상담, 경리, 회계.			
* 한의 · 의 · 약 · 치의 · 수의 등 의료 관련.			
* 선문 연구, 전문기술, 창의성, 연구개발, 실계, 디자이너, 의류.			
* 행정, 공직, 군 · 검 · 경, 법조, 철도, 보건복지.			
* 금은방, 보석, 세공, 기술계.			
* 방송, 연예, 문화, 예술.			
* 화원, 요식업, 스포츠, 게임 분야.			

이 명주는 영국의 교수이며 천체 물리학자였습니다. 블랙홀 관련 이론에 크게 기여하였고 여러 권의 저서를 낸 작가이기도 합니다. 질병으로 인하여 약 40여 년을 휠체어와 컴퓨터에 의존하여 살아가야 했습니다.

이 명주의 천간은 모두 신금(辛金), 지지는 사(巳)축(丑)유(酉)로 세 지지가 합하여 커다란 금(金) 에너지를 만드는데요, 명리학에서 사유축(巳酉丑) 합금(合金)이라는 원리가 있습니다. 그래서 이 명식은 신금(辛金) 하나로 이루어져 있다 해도 과언이 아니겠습니다.

금(金)의 성질은 응축, 냉정, 블랙홀, 이성적, 논리적, 금속 등을 의미합니다. 이 명주는 블랙홀 열역학의 시조나 마찬가지라는 평가를 받는데 신(辛)이 블랙홀을 상징한다는 것이 흥미로운 연관성 같습니다.

이 명주의 연관 키워드는 [학자, 전문 연구, 전문기술]이 되겠습니다.

(3) 판타지 작가/프로듀서/각본가

홍길동		19**년 **월 **일	
	丙(병)	癸(계)	乙(을)
	戌(술)	未(미)	巳(사)
20. 계미(癸未) 적성			

* 공학 분야, 자연과학, 전기/전자, 전문기술, PC · 인터넷 · 게임, 시각 예술.
* 중간 관리자, 참모 직책, 정치 외교, 사회복지, 공익봉사, 준공직, 일반 공직, 법조, 시민 활동, 언론, 교육.
* 재정, 금융, 주식, 경제, 영업, 소개업.
* 전문직, 화공업, 연구직, 토목, 건축, 부동산.
* 여행, 토산품, 식품업, 의류업.
* 연예, 방송, 예술, 문학, 출판.
* 종교, 활인, 역술인, 심리상담사, 구류술업.

이 명주는 결혼 전 국제사면위원회에서 비정규직으로 일하고 파면된 후 포르투갈에서 영어 교사로 일하다 현지 기자와 결혼 했으나 얼마 안 가 이혼하고 다시 모국으로 돌아가 그 때 당시 약 10만 원의 주당 생활 보조금으로 생활했다고 합니다.

그런 생활을 하면서도 집 근처 카페에서 소설을 집필하여 12번의 출판 거절을 받은 끝에 13번째 출판사에서 1997년에 출간하기에 이릅니다. 처음 500부를 찍어 출판한 후 5억 부를 출판하는 대성공을 이룹니다. 첫 출간 4년 만에 영화가 나와 그 또한 전 세계적으로 대성공을 이루었습니다.

이 명주와 연관된 키워드는 [준 공직, 교육, 출판, 문학. 시각 예술] 등입니다.

제 2 부

직업 적성
알아내는 방법

지금까지 유명인들의 직업 적성의 예시를 보여 드렸습니다. 여기서 독자님들은 어떻게 생일만으로 직업군들을 분석하며 도출해 내는 것이 가능한지 의문이 드실 것입니다.

　앞에서도 언급했듯이 이론적 설명은 그 양이 너무 방대하여 전문적인 명리 공부를 하시는 분들에게 적합합니다. 이 책은 일종의 도식처럼 생년월일만으로 직업 적성을 알아보기 위한 글입니다. 간지(干支)에 대한 아무런 지식이 없는 분들도 별 어려움 없이 직업 적성 예측을 할 수 있도록 구성하였습니다.

　마치 사전과 같은 기능을 기대하면서 작성한 것입니다. 사전을 찾아볼 때도 기초적인 글자를 알아야 하는 것처럼 필수적으로 알아야 할 간지(干支)들이 있습니다.

　여기서는 간지(干支)의 알파벳이라 할 수 있는 22개의 기초적 글자들에 대해 설명하겠습니다.

1. 명식 세우기와 파악하기

직업 적성을 알아내기 위해서는 결과물을 도출해 낼 도식이 필요하다 했습니다. 그 도식을 작성하기까지 필요한 용어들이 있는데 일종의 간단한 계산식 정도의 식을 만들기 위한 기초 지식을 쌓는 것이라 생각하시면 되겠습니다.

다음은 간지(干支) 적성을 파악하기 위해 필요한 기초적 용어들에 대한 설명입니다.

(1) 명식, 사주, 명주, 간지란?

1) 명식(命式)

간지(干支) 직업 적성을 파악하기 위해서 만세력을 이용한다고 했습니다. 만세력에 생년월일을 치면 나타나는 그림을 명식(命式: 운명 공식)이라고 칭합니다.

예를 들어 보겠습니다. 생일이 양력으로 1984년 6월 24일 18시 10분인 남자의 명식(命式)을 앱 만세력으로 알아보면 다음과 같습니다.

① 생년월일시의 숫자를 치고 양력/음력과 성별을 선택하면 다음
   과 같이 자동으로 변환됩니다.

癸	己	庚	甲
酉	丑	午	子

② 태어난 시간을 모를 때에는 일단 198406240000으로 입력해서
　명식표가 나오면 왼쪽에서 첫 번째 칸을 눌러 시간 모름을 선택
　하시면 다음과 같은 표로 바뀝니다.

	己	庚	甲
	丑	午	子

　명식(命式)을 찾으면 만세력에서는 굉장히 복잡해 보이는 표가 나
타납니다. 일상생활에서는 잘 쓰이지 않는 단어들이 대거 등장하여
그 뜻을 명확하게 파악하기도 쉽지 않아 당황스러울 수도 있습니다.

　그러나 복잡한 도식과 용어들은 전문가 또는 전문가에 준하는 실
력을 갖춘 고수들을 위한 것이므로 걱정하지 않으셔도 됩니다.

　이 책에서는 어렵고 복잡해 보이는 용어와 표는 다 필요 없고 위 그
림과 같은 표만 필요합니다. 예외적인 경우가 아니면 어느 만세력이
든 보시는 순서는 오른쪽에서 왼쪽입니다.

　위 표의 명주(命主)의 생일을 간지(干支)력으로 바꾸면 갑자(甲子)
년, 경오(庚午)월, 기축(己丑)일이 됩니다.

2) 사주(四柱):
태어난 해·달·날·시의 네(四) 간지(干支)의 기둥(柱)

시주(時柱)	일주(日柱)	월주(月柱)	연주(年柱)
	己	庚	甲
	丑	午	子

보는 순서는 오른쪽부터라고 했습니다. 고전의 한문(漢文)들은 위에서 아래로, 오른쪽에서 왼쪽으로 문장이 진행됩니다. 그 방법을 따른다고 생각하시면 됩니다.

연주(年柱)는 태어난 해, 월주(月柱)는 태어난 월, 일주(日柱)는 태어난 날, 시주(時柱)는 태어난 시간을 간지(干支)력으로 나타낸 것입니다. 위 예를 변환한 것입니다.

① 연주(年柱): 태어난 해. 1984년, 갑자(甲子)년.

② 월주(月柱): 태어난 달. 6월, 경오(庚午)월.

③ 일주(日柱): 태어난 날. 24일, 기축(己丑)일.

④ 시주(時柱): 태어난 시. 18시 10분, 계유(癸酉)시.

3) 명주(命主)

위와 같은 명식의 주인(主人)을 명주(命主)라 합니다. 사주 분석에서는 명주 자신에 해당하는 일간(日干)이 분석하는 기준이 됩니다.

이 책은 사주풀이가 아닌 직업 적성에 관한 글이므로 경우에 따라 주인인 일간(日干)과 무관할 때도 있습니다.

4) 간지(干支)

천간(天干)과 지지(地支)를 합하여 간지(干支)라 칭합니다.

① 천간(天干)

육십 간지(干支)의 위 단위를 이루는 요소입니다.

갑(甲), 을(乙), 병(丙), 정(丁), 무(戊), 기(己), 경(庚), 신(辛), 임(壬), 계(癸)의 총 열 가지를 십천간(十天干)이라 합니다.

시주(時柱)	일주(日柱)	월주(月柱)	연주(年柱)	
	己	庚	甲	☜ 천간
	丑	午	子	

간지의 위 단위를 이루는 요소라 했으므로 이 표에서 천간(天干)은 갑(甲), 경(庚), 기(己)가 되겠습니다.

갑(甲)은 연주의 천간이므로 연간(年干)이라 합니다. 경(庚)은 월주의 천간이므로 월간(月干), 기(己)는 일주의 천간이므로 일간(日干)입니다.

② 지지(地支)

육십 간지(干支)의 아래 단위를 이루는 요소입니다.

자(子), 축(丑), 인(寅), 묘(卯), 진(辰), 사(巳), 오(午), 미(未), 신(申), 유(酉), 술(戌), 해(亥)의 총 열두 가지를 십이지지(十二地支)라 합니다.

시주(時柱)	일주(日柱)	월주(月柱)	연주(年柱)	
	己	庚	甲	
	丑	午	子	☞ 지지

간지의 아래 단위를 이루는 요소라 했으므로 이 표에서 지지(地支)는 자(子), 오(午), 축(丑)이 되겠습니다.

자(子)는 연주의 지지이므로 연지(年支)라 합니다. 오(午)는 월주의 지지이므로 월지(月支), 축(丑)은 일주의 지지이므로 일지(日支)입니다.

시주(時柱)		일주(日柱)		월주(月柱)		연주(年柱)	
시간		己	일간	庚	월간	甲	연간
시지		丑	일지	午	월지	子	연지

(2) 오행

혼히 오행(五行, 五: 다섯 行: 가다, 흐르다, 움직이다 등)은 목(木),
화(火), 토(土), 금(金), 수(水)라 합니다. 또한, 이러한 물질을 말하는
것으로 널리 통용되고 있습니다. 그러나 단순히 나무, 불, 흙, 철, 물
로만 해석하기에는 다소 일차원적이라 할 수 있습니다.

목화토금수의 오행은 다섯 가지의 변화를 상징하거나 그러한 기
(氣: 에너지)를 상징하는 단어로 이해하시는 것이 가장 합리적일 것
같습니다.

즉 목기(木氣: 목의 기운), 화기(火氣: 화의 기운), 토기(土氣: 토의
기운), 금기(金氣: 금의 기운), 수기(水氣: 수의 기운)로 말입니다.

맨 처음 한 방향으로 뚫고 나오는 힘의 과정을 목(木)이라 하고, 목
(木)을 통해 한 방향으로 뚫고 나온 힘이 사방으로 무질서하게 흩어
지는 과정이 화(火)이며, 한없이 흩어져 더 이상 흩어질 수 없는 상태
까지 분열된 화(火)를 거두어 수렴시키는 과정이 금(金)이고, 금(金)
을 통해 외부만 굳어진 것을 속까지 단단하게 응고시켜 한 점으로 통
일시키는 과정이 수(水)입니다.

토(土)는 모든 변화 과정의 중간에 존재하면서 팽창과 수축의 자연
법칙이 순조롭게 진행되도록 도와줍니다. 즉 성장 및 발산하는 목화
(木火)가 수확 및 정리하는 금수(金水)로 변하기 전에 잠시 전환을 위
한 멈춤이나 준비가 토(土)입니다. 토(土)는 목화금수(木火金水)의
변화를 묵묵히 뒷받침하여, 마치 지구상의 모든 존재를 품는 땅과 같

은 역할을 합니다.

위로 성장하는 대표적인 사물인 나무는 목기(木氣)의 상징물이 되고, 불은 화기(火氣)를, 흙은 토기(土氣)를, 철은 금기(金氣)를, 물은 수기(水氣)를 상징합니다.

푸른색은 목(木)을 상징하고, 붉은색은 화(火), 누런색은 토(土), 흰색은 금(金), 검은색은 수(水)를 상징합니다. 각 오행에 해당하는 색은 일견만 하고 진행하시면 됩니다.

이러한 오행(五行)이 천간(天干)에도 있고 지지(地支)에도 있습니다.

(3) 천간과 지지의 오행

1) 천간(天干)의 오행(五行)

천간의 오행을 표로 나타내면 다음과 같습니다.

목(木)		화(火)		토(土)		금(金)		수(水)	
양	음	양	음	양	음	양	음	양	음
甲갑	乙을	丙병	丁정	戊무	己기	庚경	辛신	壬임	癸계

갑(甲)도 목(木)이고 을(乙)도 목(木)입니다. 왜 하나의 목(木)기를 두 가지로 나타내느냐는 의문을 가지실 텐데요, 자세한 둘의 차이점은 전문가들을 위한 책에서 설명하도록 하겠습니다.

이 책에서는 '오행에 음양이 있어 하나의 기운을 음과 양으로 구분했다.' 정도로만 이해하시면 되겠습니다.

즉 하나의 목(木) 기운에 음(陰)과 양(陽)이 있어 둘로 나뉘는데 목 기운의 양은 갑(甲), 목 기운의 음은 을(乙)이라 합니다.

그럼 화(火) 기운의 음양도 병(丙)과 정(丁)으로 나뉘겠지요. 이런 식으로 각 천간 오행의 음양은 위 표를 참조하시면 되겠습니다.

일단 이 책에서는 위 도표 정도로만 이해하시면 됩니다. 외우실 필요도 더더욱 없습니다. 갑을은 목, 병정은 화, 무기는 토, 경신은 금, 임계는 수로만 이해하시면 되겠습니다.

2) 지지(地支)의 오행(五行)

지지의 오행을 표로 나타내면 다음과 같습니다.

목(木)		화(火)		토(土)				금(金)		수(水)	
양	음	음	양	양	음	양	음	양	음	음	양
寅 인	卯 묘	巳 사	午 오	辰 진	丑 축	戌 술	未 미	申 신	酉 유	亥 해	子 자

앞에서의 설명대로라면 인묘(寅卯)는 목(木), 사오(巳午)는 화(火)….

이런 식으로 이해하시면 되겠죠? '아, 그렇구나.'라고만 하고 지나가시면 됩니다. 역시 지지의 각 오행에도 음양이 있어 표에 적힌 것을 일견하시면 되겠습니다.

(4) 지장간과 통근

1) 지장간(地藏干)의 개념

  지지(地支) 속에 숨겨져(장藏: 감추다) 있는 2~3개의 천간(天干) 성
분을 지장간(地藏干)이라 합니다.

지장간표

지지	자(子)	축(丑)	인(寅)	묘(卯)	진(辰)	사(巳)
지장간	임 계	계신기	무병갑	갑 을	을계무	무경병

지지	오(午)	미(未)	신(申)	유(酉)	술(戌)	해(亥)
지장간	병기정	정을기	무임경	경 신	신정무	무갑임

  위와 같이 지지(地支)를 구성하는 천간(天干)의 성분이 각 지지(地
支)마다 숨겨져 있습니다.

  예)

  ① 자수(子水)라는 지지(地支)는 임수(壬水)와 계수(癸水)로 이루
    어져 있습니다.

  ② 인목(寅木)이라는 지지는 무토(戊土), 병화(丙火), 갑목(甲木)으
    로 이루어져 있습니다.

2) 지장간(地藏干)의 기능

① 천간(天干)의 뜻(생각/의지)을 지지(地支)라는 현실 속에서 구체적으로 알 수 있게 해 주는 것이 지장간입니다.

② 천간의 뜻(생각/의지)을 현실 속에서 이루는 것이 바로 직업 적성이 됩니다. 즉 명주의 사주를 구성하고 있는 네 천간 중 어떤 천간의 뜻(생각/의지)이 현실화되면 직업 적성이 되는 것입니다. 이때 필요한 것이 지장간입니다.

또한 천간과 지장간의 관계를 정립하는 데 필요한 개념이 통근(通根)입니다. 통근(通根)한 천간을 찾아내는 것이 직업 적성 결정의 핵심이 됩니다.

3) 통근(通根)의 개념

천간의 오행(五行) 성분이 지지의 지장간에도 나타나는 현상을 말합니다. 마치 '식물이 위에서 아래로 뿌리를 내리는 것과 같다.' 하여 통할 통(通), 뿌리 근(根)을 써서 통근이라 합니다.

예)

천간	갑(甲)	병(丙)	무(戊)	경(庚)	임(壬)
지지	인(寅)	오(午)	술(戌)	신(申)	자(子)
지장간	무병갑	병기정	신정무	무임경	임 계

천간	을(乙)	정(丁)	기(己)	신(辛)	계(癸)
지지	묘(卯)	사(巳)	축(丑)	유(酉)	해(亥)
지장간	갑 을	무경병	계신기	경 신	무갑임

위 표에서 보시면 천간과 지지, 지장간의 글자 중의 맨 마지막 글자의 오행(五行) 색깔이 같습니다. 같은 오행은 같은 색을 갖습니다. 이러한 상태를 통근(通根)이라 합니다.

그러면 천간 갑(甲)과 지지 인(寅)은 통근일까요? 통근입니다. 을(乙)과 묘(卯)도 통근이고요. 천간과 지지의 색이 같으면 오행이 같은 것으로 통근이라 합니다.

그렇다면 다음 표에서 보이는 경우들은 어떨까요?

천간	갑(甲)	병(丙)	무(戊)	경(庚)	임(壬)
지지	진(辰)	인(寅)	신(申)	술(戌)	진(辰)
지장간	을계무	무병갑	무임경	신정무	을계무

천간과 지지의 색들이 다 다르고 천간의 오행이 지지의 오행과 같지 않습니다. 그러나 지장간의 글자들을 보시면 천간과 색이 같은 것이 있습니다.

지장간에 천간과 같은 색, 즉 같은 오행의 글자가 있으면 통근이라 합니다. 이 표에서 천간과 지지가 서로 오행이 달라도 지장간에 천간과 같은 오행이 있기에 통근한 것입니다.

이 지점에서 복잡하게 여겨지기도 하시겠지만 그냥 '이렇구나'라고만 일견하시고 다음 단계로 진행하시기 바랍니다.

4) 통근(通根)의 중요성

통근한 천간은 지지와 강한 결합력이 발생하게 됩니다. 마치 땅에 뿌리를 든든히 내린 식물처럼요. 뿌리를 잘 내리지 못한 식물이 약하듯이 통근하지 못한 천간도 강할 수가 없을 겁니다.

결합력이 생긴 천간의 생각이나 의지는 명주(命主)의 환경적 요소가 되는 지지에서 그 뜻을 구체적으로 실현하게 됩니다. 즉 '하늘의 뜻이 땅에서 이루어진다.'라는 문구처럼 말이지요.

그러므로 앞에서도 언급했듯이 어떤 천간이 통근하는지를 살피는 것이 직업 적성을 판별하는 데 가장 중요하다 하겠습니다.

누군가 직업 적성을 판단하는 방법을 한마디로 표현해 보라 한다면 '지지에 통근하는 천간을 찾아라!'가 되겠습니다. 이처럼 직업 적성 찾기에서 통근이 거의 전부라 해도 과언이 아니라 하겠습니다.

(5) 지지 합

지지(地支) 합(合)은 글자 뜻 그대로 지지(地支)의 글자들이 합(合)하다, 모이다의 뜻입니다. 합(合)은 서로 다른 글자끼리 어우러져 한 종류의 강한 세력을 형성하게 됩니다.

여럿이 모여 형성된 특정 세력은 아무래도 강력하겠지요. 강력한 세력과 통근한 천간도 강하겠고요. 지지 합은 적성을 정하기 위해 통근한 천간이 있는지 찾는 데 필요합니다.

예 1)

	甲	
	寅	

예 1)이 천간 갑목(甲木)과 지지 인목(寅木)의 오행이 공통적으로 목(木)이므로 통근했다는 것은 금방 파악이 되시지요?

예 2)

	乙	
	亥	

예 2)는 지금까지의 설명에 의하면 통근한 것이 아닙니다. 을목(乙木)과 해수(亥水)는 서로 다른 오행이니까요. 그러나 지장간표를 보시면 지지 해(亥)는 무갑임(戊甲壬)으로 구성돼 있습니다.

즉 해(亥)라는 지지에도 갑목의 성질이 숨어 있습니다. 그렇다면 예 2)의 간지는 서로 통근했을까요? 그렇습니다. 천간 을목(乙木)과 지지 해수(亥水)의 지장간의 갑목(甲木)이 같은 목(木)이므로 통근입니다.

예 3)

	乙		
	未	亥	

예 3)의 경우는 어떨까요? 지지 미(未)의 지장간은 정을기(丁乙己)이고 을목(乙木)이 있으므로 목(木) 오행으로 통근했습니다. 예 2)와 비교하여 을(乙)의 힘의 정도는 어떨까요? 해(亥)와 미(未), 두 군데 뿌리를 두었으니 더 강하지 않겠냐고요? 맞습니다.

해(亥)와 미(未)는 서로 합하여 큰 목(木) 오행을 만들고 천간 을(乙)은 지지의 거대한 목(木) 오행의 세력과 통근하여 확실하고 뚜렷한 성향을 갖게 됩니다.

즉 직업 적성이 뚜렷하게 나타난다는 뜻입니다. 바로 이러한 경우를 위해서 지지합(地支合)에 대한 설명이 필요한 것입니다. 이 책에서는 직업 적성에 잘 쓰이는 합(合)만 설명되어 있습니다.

1) 삼합(三合)

삼합(三合)은 12지지(地支) 중에 특정한 글자 셋이 모여 하나의 큰 세력을 형성하는 것을 말합니다. 세 글자가 연결되어 하나의 세력을 만들면 큰 힘이 발휘됩니다. 특히 직업 및 사회활동과 관련되기에 중요합니다.

2) 삼합(三合)의 종류

① 수(水)의 삼합(三合) : 신자진(申子辰)

지지에 신자진(申子辰)의 세 글자가 있으면 커다란 수(水)의 세력을 형성합니다. 만약 천간에 임수(壬水)나 계수(癸水)가 있다면 그 명주는 통근한 임수·계수의 직업 적성을 갖게 됩니다.

예)

		壬	
	子	申	辰

예)의 명주는 지지가 신자진(申子辰) 삼합으로 연합된 수(水) 세력을 형성했고 월간 임수(壬水)가 신자진(申子辰) 합(合) 수(水)와 통근했으므로 49. 임자(壬子) 적성이 되겠습니다.

[지지 신자진(申子辰) 합(合) ⇒ 수(水)]

물론 월지 신(申-戊壬庚) 중 임(壬)이 월간 임(壬)과도 통근했으므로 9. 임신(壬申) 적성이 일차적 적성이 됩니다. 그러나 임상 경험에 의하면 지지에 신자진 삼합이 있는 경우에 9. 임신(壬申) 적성도 맞지만 49. 임자(壬子) 적성이 더 적합했습니다.

결론적으로 1군-9. 임신(壬申) 적성, 2군-49. 임자(壬子) 적성으로 분석할 수 있습니다.

② 목(木)의 삼합(三合): 해묘미(亥卯未)

지지에 해묘미(亥卯未)의 세 글자가 있으면 커다란 목(木)의 세력을 형성합니다. 만약 천간에 갑목(甲木)이나 을목(乙木)이 있다면 그 명주는 통근한 갑목·을목의 직업 적성을 갖게 됩니다.

예)

		丁	乙
	卯	未	亥

예)의 명주는 지지가 해묘미(亥卯未) 삼합으로 목(木) 세력을 형성했고 연간 을목(乙木)이 해묘미(亥卯未) 합(合) 목(木)과 통근했으므로 52. 을묘(乙卯) 적성이 되겠습니다.

[지지 해묘미(亥卯未) 합(合) ⇒ 목(木)]

물론 월지 미(未-丁乙己) 중 을(乙)이 연간의 을(乙)과, 정(丁)이 월간 정(丁)과 각각 통근했으므로 44. 정미(丁未) 적성도 맞습니다.

결론적으로 1군-44. 정미(丁未) 적성, 2군-52. 을묘(乙卯) 적성으로 분석할 수 있습니다.

③ 화(火)의 삼합(三合): 인오술(寅午戌)

지지에 인오술(寅午戌)의 세 글자가 있으면 커다란 화(火)의 세력을 형성합니다. 만약 천간에 병화(丙火)나 정화(丁火)가 있다면 그 명주는 통근한 병화·정화 직업 적성을 갖게 됩니다.

예)

	丙	戊	
	寅	戌	午

예)의 명주는 지지가 인오술(寅午戌) 삼합으로 화(火) 세력을 형성했고 일간 병화(丙火)가 인오술(寅午戌) 합(合) 화(火)와 통근했으므로 43. 병오(丙午) 적성이 되겠습니다.

[지지 인오술(寅午戌) 합(合) ⇒ 화(火)]

마찬가지로 월지 술(戌-辛丁戊) 중 무(戊)가 월간의 무(戊)와, 정(丁)이 병(丙)과 각각 통근했으므로 35. 무술(戊戌) 적성도 맞습니다.

결론적으로 1군-35. 무술(戊戌) 적성, 2군-43. 병오(丙午) 적성으로 분석할 수 있습니다.

④ 금(金)의 삼합(三合): 사유축(巳酉丑)

지지에 사유축(巳酉丑)의 세 글자가 있으면 커다란 금(金)의 세력을 형성합니다. 만약 천간에 경금(庚金)이나 신금(辛金)이 있다면 그 명주는 통근한 경금·신금 직업 적성을 갖게 됩니다.

예)

		辛	
	酉	丑	巳

예)의 명주는 지지가 사유축(巳酉丑) 삼합으로 금(金) 세력을 형성했고 월간 신금(辛金)이 사유축(巳酉丑) 합(合) 금(金)과 통근했으므로 58. 신유(辛酉) 적성이 되겠습니다.

[지지 사유축(巳酉丑) 합(合) ⇒ 금(金)]

또한 월지 축(丑-癸辛己) 중 신(辛)이 월간 신(辛)과 통근했으므로 38. 신축(辛丑) 적성도 맞습니다.

결론적으로 1군-38. 신축(辛丑) 적성, 2군-58. 신유(辛酉) 적성으로 분석할 수 있습니다.

3) 삼합(三合)의 반합(半合)

반합은 글자 그대로 반만 합이 된 것입니다. 위의 삼합은 지지의 세 글자가 모여서 특정 세력을 형성합니다. 그런데 셋 중 둘이 모여도 그 특정 세력을 형성한다는 이론입니다. 지지에 둘이 있고 천간에 같은 오행이 있다면 통근한 삼합으로서의 큰 세력으로 간주합니다.

① 수(水) 반합(半合)의 예

홍길동		19**년 **월 **일	
癸	戊		庚
酉	子		申

이 명주의 적성은 1군-25. 무자(戊子) 적성, 2군-60. 계해(癸亥) 적성으로 분석했습니다. [※ 신유술합금 반합 → 57. 경신(庚申) 적성 제외]

25. 무자(戊子) 적성은 월지의 자(子-壬 癸)가 일간 계(癸)와 통근했기에 월주인 무자(戊子)가 적성이 됐고, 연지의 신(申)과 월지의 자(子)가 신자진합수의 반합을 하여 강한 수기(水氣)가 형성되었습니다.

합으로 형성된 강한 수기와 일간의 계수가 통근하여 60. 계해(癸亥) 적성이 발현된 것입니다.

② 목(木) 반합(半合)의 예

홍길동		19**년 **월 **일	
辛	癸		乙
酉	未		亥

이 명주의 적성은 1군-20. 계미(癸未) 적성, 2군-52. 을묘(乙卯) 적성으로 분석했습니다.

20. 계미(癸未) 적성은 월지의 미(未-丁乙己) 중 을(乙)이 연간 을(乙)과 통근했기에 월주인 계미(癸未)가 적성이 됐고, 연지의 해(亥)와 월지의 미(未)가 해묘미합목의 반합을 하여 강한 목기(木氣)가 형성되었습니다.

합으로 형성된 강한 목기와 연간의 을목이 통근하여 52. 을묘(乙卯) 적성이 발현된 것입니다.

③ 화(火) 반합(半合)의 예

홍길동		19**년 **월 **일	
	甲	丙	甲
	戌	寅	子

이 명주의 적성은 1군-3. 병인(丙寅) 적성, 2군-43. 병오(丙午) 적성으로 분석했습니다.

3. 병인(丙寅) 적성은 월지의 인(寅-戊丙甲) 중 갑(甲)이 천간 갑(甲)과, 병(丙)이 월간 병(丙)과 각각 통근해서 월주인 병인(丙寅)이 적성이 됐고, 월지의 인(寅)과 일지의 술(戌)이 인오술합화의 반합을 하여 강한 화기(火氣)가 형성되었습니다.

합으로 형성된 강한 화기와 월간의 병화가 통근하여 43. 병오(丙

午) 적성이 발현된 것입니다.

④ 금(金) 반합(半合)의 예

홍길동		19**년 **월 **일	
	乙	乙	庚
	巳	酉	子

이 명주의 적성은 1군-22. 을유(乙酉) 적성, 2군-57. 경신(庚申) 적성으로 분석했습니다.

22. 을유(乙酉) 적성은 월지의 유(酉-庚 辛)가 연간 경(庚)과 통근하여 월주인 을유(乙酉)가 적성이 됐고, 월지의 유(酉)와 일지의 사(巳)가 사유축합금의 반합을 하여 강한 금기(金氣)가 형성되었습니다.

합으로 형성된 강한 금기와 연간의 경금이 통근하여 57. 경신(庚申) 적성이 발현된 것입니다.

4) 방합(方合)

방(方: 방위, 방향)합은 같은 방위의 지지의 합을 뜻합니다. 방위는 동서남북의 사방을 말합니다. 이 방위는 오행과도 연관이 있습니다. 동(東)의 오행은 목(木), 서(西)의 오행은 금(金), 남(南)의 오행은 화(火), 북(北)의 오행은 수(水)입니다.

5) 방합의 종류

① 목(木)의 방합(方合): 인묘진(寅卯辰)

동(東)의 오행은 목(木)이라 했으니 인묘(寅卯) 목(木)입니다. 거기에 목(木)에서 화(火)로 변화되는 중간지점인 진(辰) 토(土)가 있습니다.

진(辰)의 지장간은 을계무(乙癸戊)라 했습니다. 앞 묘목(卯木)의 지장간은 갑을(甲乙)이고, 순서적으로 묘(卯) 지장간의 을(乙)의 목(木) 기운이 이어지게 됩니다.

그러므로 진(辰)의 오행은 토(土)이지만 방위적으로는 목(木)의 특성을 갖습니다. 동(東)은 인묘진(寅卯辰)이 됩니다.

지지에 인묘진(寅卯辰)의 세 글자가 있으면 커다란 목(木)의 세력을 형성합니다. 만약 천간에 갑목(甲木)나 을목(乙木)이 있다면 그 명주는 통근한 갑목·을목의 직업 적성을 갖게 됩니다.

예)

			甲
	寅	卯	辰

예)의 명주는 지지가 인묘진(寅卯辰) 방합으로 목(木)세력을 형성했고 연간 갑목(甲木)이 인묘진(寅卯辰) 합(合) 목(木)과 통근했으므로 51. 갑인(甲寅) 적성이 되겠습니다.

[지지 인묘진(寅卯辰) 합(合) ⇒ 목(木)]

천간의 다른 글자도 봐야겠지만, 인생의 전반적인 환경은 목(木)적인 것이 우세하다고 분석할 수 있겠습니다.

② 화(火)의 방합(方合): 사오미(巳午未)

남(南)의 오행은 화(火)라 했으니 사오(巳午) 화(火)입니다. 거기에 화(火)에서 금(金)으로 변화되는 중간지점인 미(未) 토(土)가 있습니다.

미(未)의 지장간은 정을기(丁乙己)라 했습니다. 앞 오화(午火)의 지장간은 병기정(丙己丁)이고, 순서적으로 오(午) 지장간의 정(丁)의 화(火) 기운이 이어지게 됩니다.

그러므로 미(未)의 오행은 토(土)이지만 방위적으로는 화(火)의 특성을 갖습니다. 화(火)는 사오미(巳午未)가 됩니다.

지지에 사오미(巳午未)가 있으면 커다란 화(火)의 세력을 형성합니다. 만약 천간에 병화(丙火)나 정화(丁火)가 있다면 그 명주는 통근한 병화·정화의 직업 적성을 갖게 됩니다.

예)

		丁	
	午	未	巳

예)의 명주는 지지가 사오미(巳午未) 방합으로 화(火) 세력을 형성

했고 월간 정화(丁火)가 사오미(巳午未) 합(合) 화(火)와 통근했으므로 54. 정사(丁巳) 적성이 되겠습니다.

[지지 사오미(巳午未) 합(合) ⇒ 화(火)]

물론 월간 정(丁)이 월지 미(未-丁乙己)와도 통근했으므로 44. 정미(丁未) 적성도 맞습니다. 그러나 천간의 다른 글자도 봐야겠지만, 인생의 전반적인 환경은 화(火)적인 것이 우세하다고 할 수 있겠습니다.

결론적으로 1군-44. 정미(丁未) 적성, 2군-54. 정사(丁巳) 적성으로 분석할 수 있습니다.

③ 금(金)의 방합(方合): 신유술(申酉戌)

서(西)의 오행은 금(金)이라 했으니 신유(申酉) 금(金)입니다. 거기에 금(金)에서 수(水)로 변화되는 중간지점인 술(戌) 토(土)가 있습니다.

술(戌)의 지장간은 신정무(辛丁戊)라 했습니다. 앞 유금(酉金)의 지장간은 경신(庚辛)이고, 순서적으로 유(酉) 지장간의 신(辛)의 금(金) 기운이 이어지게 됩니다.

그러므로 술(戌)의 오행은 토(土)이지만 방위적으로는 금(金)의 특성을 갖습니다. 금(金)은 신유술(申酉戌)이 됩니다.

지지에 신유술(申酉戌)의 세 글자가 있으면 커다란 금(金)의 세력을 형성합니다. 만약 천간에 경금(庚金)이나 신금(辛金)이 있다면 그 명주는 통근한 경금·신금의 직업 적성을 갖게 됩니다.

예)

		庚	
	酉	**戌**	**申**

예)의 명주는 지지가 신유술(申酉戌) 방합으로 금(金) 세력을 형성했고 월간 경금(庚金)이 신유술(申酉戌) 합(合) 금(金)과 통근했으므로 57. 경신(庚申) 적성이 되겠습니다.

[지지 신유술(申酉戌) 합(合) ⇒ 금(金)]

물론 월간 경(庚)이 월지 술(戌-辛丁戊)과 통근했으므로 47. 경술(庚戌) 적성도 맞습니다. 그러나 천간의 다른 글자도 봐야겠지만, 인생의 전반적인 환경은 금(金)적인 것이 우세하다고 할 수 있겠습니다.

결론적으로 1군-47. 경술(庚戌) 적성, 2군-57. 경신(庚申) 적성으로 분석할 수 있습니다.

④ 수(水)의 방합(方合): 해자축(亥子丑)

북(北)의 오행은 수(水)라 했으니 해자(亥子) 수(水)입니다. 거기에 수(水)에서 목(木)으로 변화되는 중간지점인 축(丑) 토(土)가 있습니다.

축(丑)의 지장간은 계신기(癸辛己)라 했습니다. 앞 자수(子水)의 지장간은 임계(壬癸)이고, 순서적으로 자(子) 지장간의 계(癸)의 수(水)기운이 이어지게 됩니다.

그러므로 축(丑)의 오행은 토(土)이지만 방위적으로는 수(水)의 특성을 갖습니다. 수(水)는 해자축(亥子丑)이 됩니다.

지지에 해자축(亥子丑)의 세 글자가 있으면 커다란 수(水)의 세력을 형성합니다. 만약 천간에 임수(壬水)나 계수(癸水)가 있다면 그 명주는 통근한 임수·계수의 직업 적성을 갖게 됩니다.

예)

		癸	
	子	丑	亥

예)의 명주는 지지가 해자축(亥子丑) 방합으로 수(水) 세력을 형성했고 월간 계수(癸水)가 해자축(亥子丑) 합(合) 수(水)와 통근했으므로 60. 계해(癸亥) 적성이 되겠습니다.

[지지 해자축(亥子丑) 합(合) ⇒ 수(水)]

물론 월간 계(癸)가 월지 축(丑-癸辛己)과 통근했으므로 50. 癸丑(계축) 적성도 맞습니다. 그러나 천간의 다른 글자도 봐야겠지만, 인생의 전반적인 환경은 수(水)적인 것이 우세하다고 분석할 수 있겠습니다.

오행 · 방위 · 지지 · 지장간표

오행	목(木)			화(火)			금(金)			수(水)		
방위	동(東)			남(南)			서(西)			북(北)		
지지	寅 인	卯 묘	辰 진	巳 사	午 오	未 미	申 신	酉 유	戌 술	亥 해	子 자	丑 축
지장간	무 병 갑	갑 을	을 계 무	무 경 병	병 기 정	정 을 기	무 임 경	경 신	신 정 무	무 갑 임	임 계	계 신 기

• 지장간의 끝 글자와 다음 첫 글자가 연계됩니다.

6) 방합(方合)의 반합(半合)

삼합의 반합과 마찬가지로 방합도 세 글자 중 두 글자가 있으면 방
합으로 간주합니다.

① 목(木) 반합(半合)의 예

홍길동	19**년 **월 **일		
	辛	戊	乙
	卯	寅	巳

이 명주의 적성은 1군-15. 무인(戊寅) 적성, 2군-52. 을묘(乙卯) 적
성으로 분석했습니다.

15. 무인(戊寅) 적성은 월지의 인(寅-戊丙甲)이 연간 을(乙), 월간 무(戊)와 통근했기에 월주인 무인(戊寅)이 적성이 됐고, 일지의 묘(卯)와 월지의 인(寅)이 인묘진합목의 반합을 하여 강한 목기(木氣)가 형성되었습니다.

합으로 형성된 강한 목기와 연간의 을(乙)목이 통근하여 52. 을묘(乙卯) 적성이 발현된 것입니다.

② 화(火) 반합(半合)의 예

홍길동		19**년 **월 **일	
	丁	丁	壬
	未	未	午

이 명주의 적성은 1군-44. 정미(丁未) 적성, 2군-54. 정사(丁巳) 적성으로 분석했습니다.

44. 정미(丁未) 적성은 월지의 미(未-丁乙己)가 월간 및 일간의 정(丁)과 통근하여 월주인 정미(丁未) 적성이 됐고, 월지의 미(未)와 연지 오(午)가 사오미합화의 반합을 하여 강한 화기(火氣)가 형성되었습니다.

합으로 형성된 강한 화기와 월·일간의 정(丁)화가 통근하여 54. 정사(丁巳) 적성이 발현된 것입니다.

③ 금(金) 반합(半合)의 예

홍길동		19**년 **월 **일	
	己	乙	庚
	卯	酉	戌

이 명주의 적성은 1군-22. 을유(乙酉) 적성, 2군-57. 경신(庚申) 적성으로 분석했습니다.

22. 을유(乙酉) 적성은 월지의 유(酉-庚 辛)가 연간 경(庚)과 통근해서 월주인 을유(乙酉) 적성이 됐고, 연지의 술(戌)과 월지의 유(酉)가 신유술합금의 반합을 하여 강한 금기(金氣)가 형성되었습니다.

합으로 형성된 강한 금기와 연간의 경(庚) 금(金)이 통근하여 57. 경신(庚申) 적성이 발현된 것입니다.

④ 수(水) 반합(半合)의 예

홍길동		19**년 **월 **일	
	戊	癸	丁
	子	丑	卯

이 명주의 적성은 1군-50. 계축(癸丑) 적성, 2군-60. 계해(癸亥) 적성으로 분석했습니다.

50. 계축(癸丑) 적성은 월지의 축(丑-癸辛己)이 월간의 계(癸)와 통근해서 월주인 계축(癸丑)이 적성이 됐고, 월지의 축(丑)과 일지의 자(子)가 해자축합수의 반합을 하여 강한 수기(水氣)가 형성되었습니다.

합으로 형성된 강한 수기와 월간의 계(癸)수가 통근하여 60. 계해(癸亥) 적성이 발현된 것입니다.

※ 천간 지지 정리표

천간(天干)

오행	木		火		土		金		水	
천간	甲	乙	丙	丁	戊	己	庚	辛	壬	癸
음양	양	음	양	음	양	음	양	음	양	음
색깔	청색		적색		황색		백색		흑색	
방위	동쪽		남쪽		중앙		서쪽		북쪽	

지지(地支)

오행	지지	음양	월(음력)	띠	색깔	방위	계절
목	인(寅)	양	1월	호랑이	청색	동쪽	봄
	묘(卯)	음	2월	토끼			
토	진(辰)	양	3월	용	황색	동남쪽	환절기
화	사(巳)	음	4월	뱀	적색	남쪽	여름
	오(午)	양	5월	말			
토	미(未)	음	6월	양	황색	서남쪽	환절기
금	신(申)	양	7월	원숭이	백색	서쪽	가을
	유(酉)	음	8월	닭			
토	술(戌)	양	9월	개	황색	서북쪽	환절기
수	해(亥)	음	10월	돼지	흑색	북쪽	겨울
	자(子)	양	11월	쥐			
토	축(丑)	음	12월	소	황색	동북쪽	환절기

2. 직업 적성 결정하는 방법

(1) 직업 적성 결정의 핵심

앞에서도 언급했듯이 천간(天干)은 본인의 마음이나 의도, 의지, 욕구 등을 나타내며 이러한 천간이 통근하여 지지(地支)에 뿌리를 내릴 때 그 마음속의 의지와 욕구가 현실 환경에서 실제 이루어지는 것으로 봅니다.

그래서 직업 적성을 결정하는 데 통근이 가장 중요하며 통근한 천간을 찾아내는 것이 가장 중요한 작업이라고 했습니다.

(2) 직업 적성 정하는 법

1) 월주 적성: 월지와 통근한 천간이 있을 때

월지는 명주가 태어난 달로 명주의 인생에서 가장 중요한 환경입니다. 명주에 대한 영향력은 전체의 절반 이상을 차지할 정도라 할 수 있습니다. 이러한 이유로 거의 대부분의 명리학 서적에서는 월지 또는 월주를 직업으로 정합니다.

이 책에서는 태어난 달의 기운이 천간과 통했는지를 파악하는 것이 첫 번째 순서입니다. 예를 들어 갑자(甲子)월에 태어났다면 천간 중 월지인 자(子-壬 癸)와 통근한 것이 있는지 살펴야 합니다. 천간

중 월지 자(子) 수(水)와 통근한 것이 있다면 그 명주의 직업 적성은 1. 갑자(甲子) 적성이 됩니다.

예)

홍길동		19**년 **월 **일	
	壬	甲	
		子	

예)와 같이 갑자(甲子)월에 태어난 임(壬) 일간인 명주는 일간과 월지가 통근하여 1. 갑자(甲子) 적성입니다.

2) 일주 적성: 월지와 통근한 천간이 없고 일주가 통근했을 때, 또는 통근한 천간과 지지가 하나도 없을 때

① 일주가 통근했을 때

월지와 통근한 천간이 없고 일주가 통근하여 세력이 강하면 일주를 직업 적성으로 합니다. 즉 갑자(甲子)월생이며 천간에 수(水) 오행이 없고 일주가 병오(丙午)라면 43. 병오(丙午)적성으로 정합니다.

예)

홍길동		19**년 **월 **일	
	丙	甲	戊
	午	子	子

예)와 같이 갑자(甲子)월에 태어난 병오(丙午) 일주인 명주는 일간과 일지가 통근하여 43. 병오(丙午) 적성입니다.

② 통근한 천간과 지지가 없을 때

사주 내에 통근한 천간과 지지가 하나도 없을 때도 일주를 적성으로 합니다.

예)

홍길동		19**년 **월 **일	
	丙	辛	丙
	子	卯	辰

예)와 같이 천산과 통근한 지지가 하나도 없을 때 일주를 적성으로 정합니다. 예)의 명주는 13. 병자(丙子) 적성이 됩니다.

3) 통근 적성; 위 두 가지 경우가 아닐 때

월주나 일주 적성으로 정할 수 없다면 통근한 천간을 찾아야 합니다.

예)

홍길동		19**년 **월 **일	
	癸	癸	庚
	酉	未	申

예)와 같은 경우 월지 미(未-丁乙己)와 통근한 천간이 없고 일간과 일지도 서로 통근하지 않았습니다. 연간 경(庚)과 연지 신(申)이 통근하여 57. 경신(庚申) 적성입니다.

또한 연지 신(申)과 일지 유(酉)가 방합인 신유술합금의 반합이 됩니다. 이 반합과 연간 경(庚)이 통근하여 확실한 57. 경신(庚申) 적성이 되겠습니다.

만일 삼합이나 반합이 아닌 경우는 어떻게 될까요?

예)

홍길동		19**년 **월 **일	
	辛	辛	丁
	亥	亥	巳

예)는 연간과 연지만 정사(丁巳)로 통근했으므로 54. 정사(丁巳) 적성이 됩니다.

이 외에도 통근한 천간이 하나도 없을 때는 세력이 가장 강한 오행을 찾거나 대운을 파악하는 등의 방법들이 있습니다. 이처럼 예외적인 방법들로 직업 적성을 정하는 경우는 전문적 지식이 필요하므로 다음 기회에 심층적으로 분석하도록 하겠습니다.

제 3 부

간지와 십성

지금까지의 설명만으로도 직업 적성을 찾기에 큰 어려움은 없으실 것입니다. 적성 간지를 찾은 후 참조표의 내용만 확인하시면 되니까요.

물론 앞에서 기술한 직업 적성 결정법들이 유일하며 절대적인 것은 아닙니다. 이 외에도 명리학적으로 적성을 결정하는 방법들은 많습니다. 그러나 확률상의 최대치를 설명한 것이며 손쉽게 참조할 수 있는 방법들을 정리한 것으로 이해해 주시기 바랍니다.

제3부에서는 참조표의 직업군들이 형성되는 이유를 최대한 직업 적성과 관련하여 간략하게 설명하였습니다. 관심이 생기지 않으시면 원리 설명 부분은 생략하고 적성표만 참고하시면 되겠습니다.

1. 간지

앞에서는 천간(天干)과 지지(地支)의 음양오행과 관계에 대해서만 간략하게 서술하였습니다. 간단하게 직업 적성에 대한 것만 알아보고 원리 등에 관해서는 깊이 알고 싶어 하지 않을 독자분들을 위한 조치였습니다.

다음의 글들은 직업 적성에 대한 이 책의 주장을 뒷받침할 수 있는 좀 더 구체적이고 이론적인 설명이라 할 수 있겠습니다.

누차 말씀드리지만 이 책은 핵심적인 부분만 설명하도록 구성된 책이며 가장 보편적인 원리를 이용하여 독자분들의 궁금증 해소에 일조할 방법을 기술한 것임을 이해해 주시기 바랍니다.

(1) 천간의 개념

천간(天干)은 선천적인 특성으로서, 후천적으로 고치거나 변하지 않는 천성(天性)을 뜻합니다. 즉, 한 사람의 천부적인 [성품·뜻·마음·정신적 가치·의지·욕망·의도] 등이 되겠습니다.

(2) 십천간

갑(甲), 을(乙) 병(丙), 정(丁), 무(戊), 기(己), 경(庚), 신(辛), 임(壬),

계(癸) 등, 천간(天干)의 종류가 열 가지라 하여 십천간(十天干)이라 합니다.

1) 갑목(甲木)

- 성장, 생명력, 전진, 돌파, 경쟁, 멈추지 않음, 과시욕, 소유욕, 활동적, 동심(童心) 기질 등.
- 로켓, 스프링, 유아·양육·교육, 목재·농업·원예, 건축 관련, 조림업 관련, 통제력(정치·권력).

2) 을목(乙木)

- 생존력, 생명력, 실속, 실리, 물질적, 경제력, 소유욕, 섬세, 치밀, 유연함.
- 화초, 약초, 넝쿨 식물, 곡식, 요식업, 교육·강의, 숙박·여행·레저·유통·컨설팅, 종이·가구·문구·책·출판·인쇄.

3) 병화(丙火)

- 폭발, 자연의 불(火)과 빛(光), 광합성, 신(神), 영체, 열정, 적극적, 성급, 직설적, 활달, 분산, 화려·사치 등.
- 태양, 화산, 조명, 밝은 물질, 폭발물, 보일러, 엔진, 전기/전자, 석탄·석유·가스·에너지, 무대예술·시각예술·디자인·전시·광고·미술·영상, 화려·사치품·액세서리·보석·장식·포장, 광학·렌즈·카메라, 속도·이동·시각 관련, 영적 에너지(정

신적 깨달음 · 철학 · 종교 · 역학).

4) 정화(丁火)

· 온화, 인공적인 빛과 열, 온정, 집중, 소박, 조용, 침착, 은은함, 부
  드러움, 섬세함, 상상력, 곡선적, 배려, 감성.
· 달, 별, 전기/전자, 통신, 인공 열 · 빛, 전시 · 광고 · 홍보, 디스플
  레이, 금융, 유통, 뜨거운 물질, 보일러, 용광로, 주유 · 가스, 사
  진, 레이저, 전파, 반도체, 모터, [안내 · 봉사].

5) 무토(戊土)

· 중력, 자연의 땅(공간 · 허공), 지표 위 공간(동물적 공간), 메마른
  토양, 종합과 통일, 사회와 집단중심, 포용성, 안정감, 균형, 조
  절, 중개.
· 산 · 평야, 토목 · 토건, 건축, 온천, 제방 · 둑, 지구, 부동산, 가옥,
  대지, 대기권 공간, 기체 공간, 건조 토양, 종교 · 철학 · 활인업.

6) 기토(己土)

· 인간의 땅(공간), 지표 아래 공간(식물적 공간), 수용(성), 내면
  지향, 타인 배려, 섬세, 안정감 · 현실감 · 소규모, 가정적 · 포용
  성 · 정리정돈, 개인주의적, 온화한 습토(윤습한 토양), 지구, 모
  성(母性).
· 옥토, 논밭, 담장, 성벽, 중개자, 벽돌, 도로, 도자기, 과수원, 삼

림, 묘지, 주차장, 지구, 습한 토양, 어머니, 유동성·수동성·안
정성·동식물 관련.

7) 경금(庚金)

· 독립적 주체(성), 단단함, 개선, 결실, 수확, 금전(재물), 형체고
착, 금지, 엄숙, 수직적, 원칙적, 우직, 의지.

· 원석, 철광, 탄광, 철강, 광업, 기계공학, 방앗간, 조선(소),
검·경·군·의사, 타인을 제압·구속하는 능력과 적성, 무기(무
겁고 중후한 무기), 차량, 중기.

8) 신금(辛金)

· 경쟁적 주체성·투쟁, 시기·질투, 경금보다 더 물질적, 작고 단
단한 결정체, 보석과 변도날의 이미지, 세밀·심세·예민, 빛 흡
수력·블랙홀·흡입력, 총명·명석·분석비판력·논리정연·좋
은 학습능력, 절제·억제, 보석·뽐내기, 과시·빛남, 냉정·자존
심, 냉혹·통제·단호, 세련미·단정·깔끔·외모.

· 광물질·정밀기계·의사·대장장이·조각가·이미용·주방기구,
바늘·가위·침·주사·칼·면도날, 단단한 결정물(씨앗·견과
류·보석), 과일, 결실, 보석(세공·연마), 장신구·액세서리·사
치품.

9) 임수(壬水)

- 기체·안개·습도·수증기·큰물·홍수·큰바다·호수, 눈·빙산·대기권, 궁리·상상력·표현·창의성, 다양성·적응력·변화, 통찰력·연구·탐구·깨달음·자기 수련·종교·철학·큰 학문, 논리성, 기획능력.
- 선전·홍보·광고, 발명·발상·창의·특허, 유류·주류·해운, 냉기·냉매·에어컨, 연구·기획·강의, 저장성(창고·물류·유통), 큰 스케일, 큰 무대의 청각 예술.

10) 계수(癸水)

- 물·눈물·습기·액체·샘물, 혈액·생명력의 기원, 지혜·명석·논리적 설득력·화술·사교성.
- 우유·온천·목욕(탕)·하수 관련, 외교 관련, 감성 풍부(청각 예술).

(3) 지지의 개념

천간(天干)이 한 사람의 천부적인 성품이나 의지라면 지지(地支)는 그 사람이 살아가는 환경이나 물질, 구체적인 현실, 계획의 실천 등을 의미합니다. 사람이 살아가는 현실적 여건이고 본인의 의지와 노력 등으로 변화될 수 있습니다.

(4) 십이지지

자(子), 축(丑), 인(寅), 묘(卯), 진(辰), 사(巳), 오(午), 미(未), 신(申), 유(酉), 술(戌), 해(亥) 등, 지지의 종류가 열두 가지라 하여 십이지지(十二地支)라 합니다.

1) 자(子): 자시(子時), 자월(子月) → 한밤중, 한겨울

· 종자, 생명의 시작, 응축된 에너지, 액체, 얼음, 한겨울, 냉기, 밤활동, 변화.

· 교육, 종교, 철학, 의학, 비밀스러운 요소, 밤과 관련된 일.

2) 축(丑): 축시(丑時), 축월(丑月) → 어두운 새벽, 겨울

· 어두운 새벽, 겨울, 우직한 소, 겨울 땅, 소극, 지하실, 굴, 논밭, 습지, 묘지, 감옥.

· 교육, 의료, 종교, 철학, 자영업, 프리랜서.

3) 인(寅): 인시(寅時), 인월(寅月) → 새벽, 봄기운 시작

· 생명 활동 출발점, 직진성, 상향성, 스프링, 권력욕, 탄력성, 활동성, 아침 유형.

· 기획, 교육, 설계, 디자인, 목재, 가구, 직물, 섬유, 문구, 화폐, 유아 관련업.

4) 묘(卯): 묘시(卯時), 묘월(卯月) → 이른 아침, 봄기운 최강

· 활발, 끈질긴 생명력, 예민, 감수성, 파종.

· 초목, 화초, 곡물, 과일, 채소, 서책, 신문, 문방구류, 문서, 교육, 기획, 제조, 생산, 식품, 의료, 화장, 건축, 건설, 설계.

5) 진(辰): 진시(辰時), 진월(辰月) → 아침, 완연한 봄

· 습지, 진흙, 화창한 봄, 풍류와 예술적 재능, 관광, 자연, 따스함, 하루 일과 시작, 활동적.

· 댐, 저수조, 부엽토, 본격적 생명 활동 시작, 생산력과 생명력 최강, 기획, 홍보, 언론, 방송.

6) 사(巳): 사시(巳時), 사월(巳月)
→ 오전 10시 전후, 늦봄에서 초여름

· 더위 시작, 뱀(왕홀, 권위, 권력 지향성, 왕관, 복장, 의약, 신성성), 어두운 곳을 비춤, 직설적 언어, 적극적.

· 빛나는 [물질·사물·현상] 관련, 자동차, 항공, 전기/전자, 기차(철로), 광선, 빛, 수정, 금융, 언론, 방송, 유통.

7) 오(午): 오시(午時), 오월(午月) → 낮 12시 전후, 한여름

· 태양, 눈, 양기(陽氣) 절정, 감수성, 폭발성, 과시욕.

· 전기/전자, 엔진, 화약, 총포, 폭발, 연소, 시각 예술적 재능, 정열, 조명, 카메라, 화려함, 네온사인, 언론, 광고, 홍보, 연예/엔터테

인먼트 관련.

8) 미(未): 미시(未時), 미월(未月)
→ 오후 2시 전후, 진짜 여름 기운

· 늦더위, 가뭄, 건조 토양.

· 토지, 도로, 담, 주차장, 마을, 전신주, 건축재, 사찰.

9) 신(申): 신시(申時), 신월(申月)
→ 오후 4시 전후, 가을 기운 시작

· 초가을, 만물이 익어 가고 단단해짐, 고개 숙인 벼, 서늘함, 응고, 결실, 암반, 금속.

· 금속성 [도구·물건] 사용, 선박, 기계, 대장간, 바퀴, 다재다능, 재치, 적확한 공간 인식능력, 미적 감수성, 화가, 설치미술, 조각, 권력욕, [언론·매체·권력] 지향성(특히 언론 권력).

10) 유(酉): 유시(酉時), 유월(酉月)
→ 오후 6시 전후, 완연한 가을

· 결실, 추수, 수확, 매서운 서리 기운, 내성적, 섬세, 깔끔, 냉정.

· 쇠붙이를 잘 다루는 기술·재주, 보석, 칼, 패물, 의사, 한의사, (정밀)기계, 공학, 바늘, 종, 재봉틀(옷 관련), 침, 공학·엔지니어링·컴퓨터·IT, 불상, 액세서리, 암석, 광산, 주사기, 정밀 계산, 설계, [정밀·기계, 전기/전자, 금속] 공학, 금형 틀.

11) 술(戌): 술시(戌時), 술월(戌月) → 오후 8시 전후, 늦가을

- 조열한 토양, 건조, 싸늘함, 마지막 [추수·결실·정리·수습], 투철한 신념, 자존심, 사색·성찰·관조·관망.
- 하루 일과(일·사업) 마무리, 창고, 사찰, 집, 부동산, 묘지, 풍류와 예술적 재능, 관광, 아름다운 자연.

12) 해(亥): 해시(亥時), 해월(亥月)
→ 오후 10시 전후, 겨울 기운의 시작

- 하루 일과의 끝([동면·수면·꿈]의 시작점), 활동성과 에너지가 점차 약화됨, 에너지 충전과 휴식의 필요성, 비축한 에너지를 가동할 준비작업 시작, 씨앗 저장, 활동성 미약, 바다, 호수, 우물.
- 물·소리(청각 예술) 관련, [인기, 생명, 의술, 연예] 등.

2. 십성

십성(十星)은 열 개의 별을 뜻합니다. 별자리나 행성을 명칭화한 것으로 이해하시면 되겠습니다.

사실 십성(十星) 이론은 전문적인 사주학자들에게 필요한 영역입니다. 그러나 간지 적성 참조표에서 이들 십성 용어들이 나오므로 대략적인 설명만 드리겠습니다. 역시나 이해를 위한 내용이니 이 부분 또한 일견하고 진행하시면 되겠습니다.

(1) 십성의 개념

십성(十星)은 일간을 기준으로 천간과 지지 및 지장간과의 관계와 의미를 나타내 주는 개념입니다. 사주 분석에서 십성은 가족, 선후배 등의 인간관계나 기질, 특성, 심리 등을 파악할 때 필요합니다.

이 책에서는 인간관계에 대한 설명은 제외하고 직업 적성과 연관 있는 기질, 특성, 심리 등에 대한 것만 기술하였습니다.

(2) 십성

비견, 겁재, 식신, 상관, 정재, 편재, 정관, 편관, 정인, 편인 등의 열 가지를 십성(十星)이라 합니다.

1) 비견(比肩): 일간과 음양이 같고, 오행도 같은 천간·지지

예)

	壬		壬
		亥	

연간의 임(壬)과 월지의 해(亥)는 일간 임(壬)의 비견입니다.

※ 비견의 특징: 독립심, 주체성, 자존심, 추진력, 돌파력.

2) 겁재(劫財): 일간과 음양이 다르고 오행만 같은 간지

예)

	壬	癸	
			子

월간의 계(癸)와 연지의 자(子)는 일간 임(壬)의 겁재입니다.

※ 겁재의 특징: 경쟁, 집착, 집념, 개척.

3) 식신(食神)

일간이 생(生)하는 오행의 간지로 일간과 음양이 같습니다. '생(生)'
은 낳다, 파생시키다, 도와주다, 키우다 등의 의미입니다. 물이 나무
를 살리는 관계를 상상하시면 되겠습니다.

※ 오행에서 생(生)의 방향: 水 → 木 → 火 → 土 → 金 → 水

즉, 수생목, 목생화, 화생토, 토생금, 금생수라고 합니다. 역시 일견만 하시면 되겠습니다.

예)

	壬	甲	
寅			

월간의 갑(甲)과 시지의 인(寅)은 일간인 임수(壬水)가 수생목(水生木)하는 관계이며, 임(壬)과 양(陽)으로 음양이 같으므로 임(壬)의 식신들입니다.

※ 식신의 특징: 노동력, 창의력, 표현력, 집중력, 예술적 감수성.

4) 상관(傷官)

일간이 생(生)하는 오행의 간지로 일간과 음양이 다릅니다.

예)

	壬	乙	
			卯

월간의 을(乙)과 연지의 묘(卯)는 일간인 임수(壬水)가 수생목(水生木)하는 관계이며, 임(壬)과 음양이 다르므로 임(壬)의 상관들입니다.

※ 상관의 특징: 다재다능, 빠른 두뇌 회전, 응용력, 순발력, 민첩함,
예술, 언론, 비판 성향.

5) 편재(偏財)

일간이 극(剋)하는 오행의 간지로 일간과 음양이 같습니다. '극(剋)'
이라 하면 어떤 이들은 겁을 먹기도 합니다만 무조건 나쁜 뜻은 아닙
니다.

물론 극하다, 고통을 주다, 약화시키다의 의미도 있지만 조정하다,
지배하다, 관리하다, 즐기다의 의미도 있습니다.

※ 오행에서 극(剋)의 방향: 水 → 火 → 金 → 木 → 土 → 水
즉, 수극화, 화극금, 금극목, 목극토, 토극수라고 합니다.

예)

丙	壬		
		巳	

시간의 병(丙)과 월지의 사(巳)는 일간인 임수(壬水)가 수극화(水剋
火)하는 관계이며, 임(壬)과 음양이 같으므로 임(壬)의 편재들입니다.

※ 편재의 특징: 신속, 자유분방, 공간인식 능력, 공간관리 능력, 변
화, 사업, 투기 등.

6) 정재(正財)

일간이 극(剋)하는 오행의 간지로 일간과 음양이 다릅니다.

예)

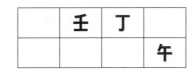

월간의 정(丁)과 연지의 오(午)는 일간인 임수(壬水)가 수극화(水剋火)하는 관계이며, 임(壬)과 음양이 다르므로 임(壬)의 정재들입니다.

※ 정재의 특징: 고정적 월급, 안정된 자산, 꼼꼼함, 성실성, 보수성, 실리 위주, 현실적, 합리성, 계획적, 책임감, 원칙주의 등.

7) 편관(偏官)

일간을 극하는 오행의 간지로 일간과 음양이 같습니다.

예)

	壬	戊	
戊			辰

월간의 무(戊), 연지의 진(辰), 시지의 술(戌)은 일간인 임수(壬水)를 토극수(土剋水)하는 관계이며, 임(壬)과 음양이 같으므로 임(壬)의 편관들입니다.

※ 편관의 특징: 통제, 명예, 체면, 억압, 관리, 권력 지향적, 전투적,
독선적, 봉사, 강건 체질, 권력 등.

8) 정관(正官)

일간을 극하는 오행의 간지로 일간과 음양이 다릅니다.

예)

	壬	己	
丑		未	

월간의 기(己), 월지의 미(未), 시지의 축(丑)은 일간인 임수(壬水)
를 토극수(土剋水)하는 관계이며, 임(壬)과 음양이 다르므로 임(壬)
의 정관들입니다.

※ 정관의 특징: 안정감, 공직, 용모단정, 책임, 성실성, 자기 관리,
공평무사, 질서, 합리성 등.

9) 편인(偏印)

일간을 생하는 오행의 간지로 일간과 음양이 같습니다.

예)

庚	壬		
申			

시간의 경(庚), 시지의 신(申)은 일간인 임수(壬水)를 금생수(金生
水)하는 관계이며, 임(壬)과 음양이 같으므로 임(壬)의 편인들입니다.

※ 편인의 특징: 비활동적, 많은 생각, 기발한 발상·재주, 비판적
　이상주의, 학문·사상적 전문성, 통찰력, 특이한 기술·자격·재
　능·학문, 문서, 계약 등.

10) 정인(正印)

일간을 생하는 오행의 간지로 일간과 음양이 다릅니다.

예)

辛	壬		
		酉	

월지의 유(酉), 시간의 신(辛)은 일간인 임수(壬水)를 금생수(金生
水)하는 관계이며, 임(壬)과 음양이 다르므로 임(壬)의 정인들입니다.

※ 정인의 특징: 학문·도덕·교육, 예의·자비·품위, 포용력, 인내
　심, 보호자, 뛰어난 직관·영감, 긍정적 자격·문서·학위·학문,
　구도자, 교육·보육 등.

※ 비견과 겁재를 합쳐서 '비겁'이라 합니다.

식신과 상관을 합쳐서 '식상'이라 합니다.

편재와 정재를 합쳐서 '재성'이라 합니다.

편관과 정관을 합쳐서 '관성'이라 합니다.

편인과 정인을 합쳐서 '인성'이라 합니다.

※ 지금까지의 설명을 기초로 생일만으로 알아낼 수 있는 간지 직
업 적성 결정법을 복습해 보실까요?

예) 양력 1995년 7월 29일. 방송 기자.

① 휴대폰 앱에서 생일을 입력(숫자 입력: 199507290000)한 후 만
세력 실행 → 시간을 모를 때는 날짜 뒤에 0000을 입력 후 나중
에 모름으로 변경 →

	辛	癸	乙
	酉	未	亥

② 나온 명식을 보고 통근한 부분 찾기 → 앱상에서 나오는 각 지지
밑의 지장간 참고.
1) 월지 미(未)의 지장간(丁乙己) 중 을(乙)과 연간 을(乙)이 통
근하여 1군-20. 계미(癸未) 적성. [언론, 방송]
2) 연지 해(亥)와 월지 미(未)가 해묘미합목의 반합이고 연간 을
(乙)과 통근하여 2군-52. 을묘(乙卯) 적성. [신문, 방송]

※ 이 명주는 독특하게도 월지, 지지합, 일주까지 통근하여 직업 적
성이 아주 뚜렷하게 나타납니다. (58. 신유(辛酉) 적성. [방송])

간지 직업 적성
분석과 참조표

1. 갑자(甲子) 간지의 특성과 분석	
(천)간 甲	
특성	봄기운, 시작, 성장, 생명력, 전진, 활동적, 포부, 동심(童心) 기질, 통제와 관리, 추진력, 경쟁력, 탄력성, 직선적 전진, 경직, 자존심.
연관 직업	자동차, 스프링, 드릴, 로켓, 유아, 교육, 목재·제지·섬유, 농업·원예·조림, 건축, 예체능, 신문, 방송, 연예, 정치 외교, 최첨단 기술, 통제력(정치·권력).
(지)지 子(정인)	
특성	종자, 응축 에너지, 액체, 얼음, 냉기, 밤 활동.
연관 직업	교육, 종교, 철학, 의학, 연예, 비밀 및 밤과 관련된 일.

(지)장간	분석
壬 (편인) 癸 (정인)	지지가 정인이고 지장간이 임계(壬 癸/편인 정인) 구조이다. 지지와 지장간에 강한 인성(印星)이 있어 직관력이 우수하다. 총명하고 정신적으로 앞서간다. 정신적인 분야에서 신비한 현상을 연구하고 설명하는 능력이 있으며 정신분석학, 심리학, 생명공학 분야에서 두각을 나타낸다. 교사, 강사, 강연 등 설명하고 가르치는 일이 적성에 맞다. 천간의 갑과 지지의 자는 모두 첫째, 시작을 의미하므로 자기를 드러내는 것을 좋아하여 방송, 연예, 예술 계통도 적성에 맞다.

1. 갑자(甲子) 적성

* 보육·양육, 교육, 강의, 학원, 문학, 철학, 인문학, 역사학, 고고학, 천문지리학, 언어, 화술, 언론, 외국어, 글·학문·연구 관련, 자격증 관련 직업군.

* 원예, 목재, 제지, 의류, 토목, 건축(조립), 건설, 부동산.

* 일반 행정, 사회복지 관련, 정치 외교.

* 전자 공학, 생명공학, 한의학, 의예과, 군·검·경, 교도관, 스포츠계.

* 항공, 운수, 무역, 상사, 화학, 인화성 관련업.

* 프리랜서, 전문가, 형이상학 분야, 정신분석학, 심리학, 상담, 종교, 역술.

* 영상, 영화, 방송, 연예, 예체능 관련, 모델.

* 예술, 도자기, 미술, 시각 디자인, 화랑, 미술관 관련, 해외 근무, 관광, 여행.

1. 갑자(甲子) 적성의 예			
홍길동(역술가)		19**년 **월 **일	
	乙	甲	癸
	亥	子	卯

1군-1. 갑자(甲子) 적성.

월지 자(子)의 지장간(壬 癸) 중 계(癸)와 천간의 계(癸)가 통근.

[역술가, 형이상학 분야, 상담]

2군-60. 계해(癸亥) 적성.

월지 자(子)와 일지 해(亥)가 해자축합수의 반합이며 연간 계(癸)

와 통근. [상담, 구류술업]

2. 을축(乙丑) 간지의 특성과 분석	
(천)간 乙	
특성	식물적 생존본능, 생존력, 실속, 물질·경제적, 섬세, 치밀, 유연, 현실성(적응성·사교성·생존력·유연성), 조밀, 실리추구, 친화력, 호소력, 사교적 처세술, 집결, 곡선적·유연성·다양함, 용의주도.
연관 직업	화초, 곡식, 종이, 가구, 문구, 책, 출판, 인쇄, 교육, 강의, 말하기, 숙박, 여행, 레저, 예체능, 기술, 요식업, 유통, 제조업, 컨설팅, 의학, 생명, 정밀기계, 컴퓨터, 금속, 설계, 야구 투수, 토목, 건축, 인테리어, 몸, 피부, 연예계.
(지)지 丑(편재)	
특성	우직한 소, 논밭, 습지, 묘지.
연관 직업	교육, 의료, 종교, 철학, 자영업, 프리랜서.

(지)장간	분석
癸 (편인) 辛 (편관) 己 (편재)	지지가 편재이고 지장간이 계신기(癸辛己/편인 편관 편재) 구조이다. 실속파인 을목이 편재를 만나서 구체적인 물질을 통제하려고 한다. 지장간의 편관은 목표를 이루려고 하는 마음으로 인내력과 기억력이 좋음을 의미한다. 지장간의 편인 계수가 수생목으로 천간을 도와주니 직관력과 예감이 뛰어나다. 재물 집착력이 강하기도 하다. 눈앞의 현실과 이익에 관심이 많고 생존 경쟁력이 강하며 시련 극복 능력도 우수하다. 지장간 편관과 편인의 영향으로 인내심과 기억력이 좋고 경계심이 강하다.

2. 을축(乙丑) 적성

* 토목, 건축, 의약, 군·검·경, 스포츠, 사업.

* 창작·예술 계통(특히 시각 예술, 디자인).

* 종교, 철학, 역술, 역학, 윤리, 상담, 책, 출판, 인쇄, 교육, 강의,

  숙박, 여행, 레저.

* 칼을 다루는 직업, 정육점, 도축업, 고깃집, 요식업.

* 금융, 회계, 경제, 유통, 자영업, 주식, 부동산.

2. 을축(乙丑) 적성의 예		
홍길동(인터넷몰 창업주)	19**년 **월 **일	
	庚	乙	癸
	申	丑	卯

1군-2. 을축(乙丑) 적성.

월지 축(丑)의 지장간(癸辛己) 중 계(癸)와 연간 계(癸), 신(辛)과

일간 경(庚)이 통근.

[책, 출판, 유통, 자영업, 경제]

2군-57. 경신(庚申) 적성.

일지 신금(申金)과 일간 경금(庚金)이 통근.

[유통, 기술, 금융]

3. 병인(丙寅) 간지의 특성과 분석	
(천)간 丙	
특성	태양, 자연의 불과 빛, 光, 광선, 광합성, 발산, 폭발, 신(神, 영체), 정신, 사상, 신비, 적극적, 직설적, 억압, 폭발, 열정, 화려, 저돌·도전적, 자신만만, 독선적, 사치, 예술적(특히 시각 예술), 호승심, 호기심, 리더십, 추진력, 원리원칙, 공명정대, 직진성, 엄격, 공익, 희생, 정의.
연관 직업	태양, 조명, 밝은 물질, 폭발물, 용광로, 보일러, 엔진, 방사선, 음식, 조리, 술, 의약, 군·검·경, 교도(행정), 소방, 사격, 양궁, 항공, 해운, 조명, 시각 예술, 연예, 영상, 영화, 무대, 의상, 디자인, 선전·광고·홍보, 외국·외국어, 이동 관련.
(지)지 寅(편인)	
특성	생명 활동, 직진성, 상향성, 탄력성, 권력욕.
연관 직업	목재, 가구, 지물, 섬유, 문구, 화폐, 유아, 교육, 기획, 설계, 디자인, 연예.

(지)장간	분석
戊 (식신) 丙 (비견) 甲 (편인)	지지가 편인이고 지장간이 무병갑(戊丙甲/식신 비견 편인) 구조이다. 지지와 지장간에 강한 인성(印星)이 있어 직관력이 우수하고 영적인 감각이 뛰어나며 촉이 빠르다. 두뇌가 명석하다. 전문직 적성이다. 지지의 인목과 지장간의 갑목이 편인이므로 공부를 해서 다방면으로 활용할 수 있으며 언변이 좋다.

3. 병인(丙寅) 적성

* 중개, 경매, 무역, 서비스 업종.

* 문학, 철학, 종교, 점술, 역술, 상담, 자선.

* 예술, 영상, 연예, 음악.

* 교정, 교도, 군·검·경, 법조, 공무원, 공직, 정치 외교, 노동조합, 자선.

* 정보 산업, 전문자격 사업, 보험, 특수면허자격 관련, 특허, 상표권.

* 시각 예술, 디자인, 패션 관련.

* 전문직, 교육, 육영.

* 금속기계, 포목, 의류, 장식, 토목, 건축, 부동산.

* 전자통신사업, 레저업, 스포츠계.

3. 병인(丙寅) 적성의 예			
홍길동(정치인)		19**년 **월 **일	
	丙	乙	乙
	寅	酉	巳

3. 병인(丙寅) 적성.

월지 유(酉)와 통근한 천간이 없고 일간 병(丙)과 일지 인(寅)의

지장간(戊丙甲) 중 병(丙)이 통근.

[정치 외교, 공직]

4. 정묘(丁卯) 간지의 특성과 분석	
(천)간 丁	
특성	인공적인 빛과 열, 등불, 열기, 사상, 영적 작용(심령), 집중, 섬세, 상상력, 감성, 합리성, 봉사 정신, 원칙, 소극적, 조심성, 노력, 끈기, 객관성, 사고력, 생장운동 활성화, 영리함, 온화, 은근한 추진력, 깔끔/단정, 현실적, 양심적, 정직.
연관 직업	달, 별, [전기/전자, 통신, 인공 열·빛, 전시, 광고, 홍보, 디스플레이], 뜨거운 물질, 보일러, 주유·가스, 사진, 레이저, 안내, 봉사.
(지)지 卯(편인)	
특성	활발, 생명력, 예민, 감수성.
연관 직업	초목, 곡물, 과일, 채소, 서책, 신문, 문방구류, 문서, 교육, 기획, 제조, 생산, 식품, 의료, 화장, 건축, 설계.

(지)장간	분석
甲 (정인)	지지가 편인이고 지장간이 갑을(甲 乙/정인 편인) 구조이다. 객관성·합리성·온화함의 정화(丁火)가 편인 을목(乙木-보수성·외로움·몸·의학)의 생조를 받아 더욱 강화된 합리적 주체성, 원칙주의 경향을 띤다. 법 준수, 과거 지향적 원칙주의, 보수성, 노숙함은 편인 특성이다. 신비세계·예술적 감수성·종교적·영적 각성과 직관력이 높다.
乙 (편인)	수리와 계산 및 학습능력이 좋은 편이다. 은근한 고집과 욕심, 실리추구의 주체성이 밑바탕에 항시 깔려 있다.

4. 정묘(丁卯) 적성

* 공무원, 행정, 금융, 보험, 일반회사.

* 원예, 교육, 몸·물질·피부·옷·음식·공학 관련, 조리, 간호, 의료, 외과 수술 관련.

* 언론, 방송, 대정부 집회 사회자, 외국어, 통역.

* 비서, 상담, 각종 제조업.

* 심리, 철학, 종교, 기획, 디자이너.

* 변호사, 법률 관련, 교도관, 토목, 건축, 각종 허가 관련 직종, 연구직, 교수직.

* 여행, 레저업, 문화 예술, 시인, 소설가.

4. 정묘(丁卯) 적성의 예			
홍길동(공기업/로펌 사무)		19**년 **월 **일	
	戊	丁	甲
	寅	卯	辰

1군-4. 정묘(丁卯) 적성.

월지 묘(卯)가 연간 갑(甲)과 통근.

[공무원, 행정, 법률 관련]

2군-51. 갑인(甲寅) 적성.

지지가 인묘진합목을 이루고 연간 갑(甲)과 통근.

[공무원, 법조]

5. 무진(戊辰) 간지의 특성과 분석	
(천)간 戊	
특성	중력, 자연의 땅, 토양, 생명 활동 공간, 저장성, 안정감, 수용성, 대기권(거대함), 포용성, 큰 스케일, 고집, 고독한 공간(교섭·조화·중재·조정), 종합과 통일, 집단중심, 중개, 조절.
연관 직업	산, 평야, 토건, 건축, 제방, 지구, 부동산, 가옥, 대지, 기체 공간, 종교, 철학, 의약.
(지)지 辰(비견)	
특성	습지, 진흙, 봄, 풍류, 자연, 활동적.
연관 직업	댐, 저수조, 생산력, 기획, 홍보, 언론, 방송, 예술적 재능, 관광.

(지)장간	분석
乙 (정관) 癸 (정재) 戊 (비견)	지지가 비견이고 지장간이 을계무(乙癸戊/정관 정재 비견) 구조이다. 지장간 정관의 영향으로 명예를 중시하고 보수적이다. 낙천적, 현실적, 진취적이긴 하나 밑바탕의 본질은 고독한 주체와 완벽주의, 명예욕, 자기과시 등의 성향도 있다. 또한 지장간에 정재를 깔고 있어서 현실적인 세속에 대한 미련을 버리지 못하며 소득이 되지 않는 일은 하지 않는다. 겉은 탈속적이지만 속은 현실적이며 실리를 추구한다.

5. 무진(戊辰) 적성

* 흙, 도자기, 화초, 농업, 농축산, 도축업, 임업, 광업, 토목, 건축, 건설, 건물관리.

* 공무원, 공직, 공익봉사, 교육, 공기업, 대기업, 일반 사회 조직, 시민단체.

* 은행, 보험, 금융, 자영업, 음식, 식품 대리점, 납품업.

* 예술, 방송, 언론.

* 교통, 선박, 해운, 수산.

* 군·검·경, 법관, 무관직, 외과 의사, 의료 관련, 종교, 생살여탈직.

5. 무진(戊辰) 적성의 예		
홍길동(가수)	19**년 **월 **일	
	戊	戊	甲
	辰	辰	戊

5. 무진(戊辰) 적성.

월간과 월지가 통근했고 전체적으로 무(戊) 토가 강함.

[예술, 방송]

6. 기사(己巳) 간지의 특성과 분석	
(천)간 己	
특성	토양, 흙(온화한 비습토), 모성애적 대지(편안함, 포용성), 마지막 끝마무리[양(陽) 운동에서 음(陰) 운동으로 전환], 땅에서 일어나는 모든 생명 활동의 근원/배경, 휴식, 자애, 생명의 활동 공간이자 밑바탕, 이해타산 없음, 마음의 의지처, 수동적, 수용성, 타인 배려, 섬세, 현실감, 가정적.
연관 직업	옥토, 도로, 도자기, 과수원, 삼림, 묘지, 어머니, 유동성·수동성·동식물 관련.
(지)지 巳(정인)	
특성	더위 시작, 뱀(왕홀, 권위, 복장, 의약, 신성성), 직설적 언어, 적극적.
연관 직업	빛나는 [물질·사물·현상] 관련, 자동차, 기차, 항공, 전기/전자, 금융, 언론, 방송, 유통.

(지)장간	분석
戊 (겁재) 庚 (상관) 丙 (정인)	지지가 정인이고 지장간이 무경병(戊庚丙/겁재 상관 정인) 구조이다. 정인 때문에 직관력이 탁월하며 판단력이 신속하고 정확하다. 도덕적인 윤리를 중시하고 인내심은 강하다. 진취성과 적극성을 길러야 한다. 설명, 카운셀링, 힐링 등을 좋아하며 성과도 내놓을 수 있다. 추상·비가시적 세계에 대한 이해가 뛰어나며 문학·철학·종교에 대한 열정도 있다. 사업보다는 안정적인 직장 생활이 적합할 수 있다.

6. 기사(己巳) 적성

* 동식물의 보호 · 재배 · 사육, 원예, 양육, 보육, 교사, 교직, 교수, 상담과 치유.

* 영화, 연극, 연예, 방송, 관광, 여행.

* 미술, 사진, 시각 예술, 광고, 디자인, 인테리어, 설계.

* 서비스업, 학원업, PC 관련업, 개인 사업.

* 공직, 일반회사, 무역, 통상업, 법조인, 회계, 언론계, 종교계, 교육계, 의약, 한의계.

* 부동산업, 보험, 외판업, 운송.

6. 기사(己巳) 적성의 예			
홍길동(가수)		19**년 **월 **일	
	丁	己	己
	丑	巳	未

1군-6. 기사(己巳) 적성.

월지와 일간이 통근. [연예]

2군-54. 정사(丁巳) 적성.

지지 사미(巳未)가 사오미합화 반합이고 일간 정(丁)과 통근. [연예]

7. 경오(庚午) 간지의 특성과 분석
(천)간 庚

특성	독립적 주체성, 고집, 냉기, 투명함, 솔직담백함, 독립성, 성장 억제(한기, 냉기) 작용, 응집성, 단단함, 천진난만, 견제, 고정성, 보수성, 결실/수확, 금전, 엄숙, 수직적, 원칙적, 우직, 의지.
연관 직업	원석, 철광, 기계공학, 군·검·경, 의약, 차량, 중기, 광업.

(지)지 午(정관)

특성	태양, 눈, 감수성, 폭발성, 과시욕.
연관 직업	전기/전자, 엔진, 화약, 폭발, 시각 예술적 재능, 조명, 카메라, 언론, 광고, 연예/엔터테인먼트 관련.

(지)장간	분석
丙 (편관) 己 (정인) 丁 (정관)	지지가 정관이고 지장간이 병기정(丙己丁/편관 정인 정관) 구조이다. 주체적인 경금이 관성을 만나 규칙을 잘 준수하며 잔 꾀를 부리지 않는다. 관인상생의 구조로 원칙과 신뢰를 중시하며 상하 서열이 명확한 조직 직장 생활에 잘 적응한다. 보수적 성향으로 수용성이 좋다. 인정도 많으며 배려심과 희생 봉사 정신도 좋다. 개성이 강하다.

7. 경오(庚午) 적성

* 공기업, 공무원, 군·검·경, 사회봉사, 인명구조, 의료, 전문기술·자격, 지도자, 경영자.

* 영화, 연극, 연예, 예술, 문학, 미술, 디자인, 인테리어.

* 광업, 위험물 취급, 화공, 소방설비.

* 경제, 재무 분야, 금융 관련업, 금속, 보석, 전자/전기, 납품업, 대리점업, 용역사업.

* 교육자, 심리상담가, 대기업, 중소기업, 관리자.

7. 경오(庚午) 적성의 예			
홍길동(배우)		19**년 **월 **일	
	己	庚	甲
	亥	午	子

7. 경오(庚午) 적성.

월지 오(午)의 지장간(丙己丁) 중 기(己)가 일간 기(己)와 통근.

[영화, 연예]

8. 신미(辛未) 간지의 특성과 분석	
(천)간 辛	
특성	보석(빛나고 차갑고 정제된 광물), 단단한 결정체, 예리함(칼·무기), 응집·응축력 최강, 빨아들임, 매운맛, 냉정, 살벌함, 종자, 결실, 상대적이며 경쟁적 주체성(경쟁, 투지, 질투, 생존 욕구), 자기중심적, 이성적, 논리적, 섬세, 예민, 총명, 분석비판력, 절제, 자존심, 단호함.
연관 직업	광물질, 정밀기계, 의료, 조각, 이미용, 뾰족한 금속, 결정물(씨앗·견과·보석), 과일, 장신구.
(지)지 未(편인)	
특성	늦더위, 가뭄, 건조 토양.
연관 직업	토지, 도로, 담, 주차장, 마을, 전신주, 사찰, 건축재.

(지)장간	분석
丁 (편관) 乙 (편재) 己 (편인)	지지가 편인이고 지장간이 정을기(丁乙己/편관 편재 편인) 구조이다. 지장간의 편인은 눈치와 외로움이며, 편관은 어려움과 스트레스를 상징한다. 편재가 있어 돈을 벌어 즐거움을 추구하며 남에게 실수나 피해를 주지 않으려고 한다. 예의가 바르며 차분하게 보이려고 노력하며 빈틈없는 철두철미한 사고를 지녔다. 지지 편인 속에 편관이 들어 있으므로 특수자격증 관련 직업도 적성에 맞다.

8. 신미(辛未) 적성

* 집단/조직의 브레인이나 참모 기능, 관리·감독, 비서.

* 세무, 재정, 금융, 회계.

* 언론, 프리랜서, 자영업종(학원 강사/학원 운영), 교육 사업.

* 감찰, 법조, 군·검·경, 무관, 수사 기관, 군무원, 정보기관, 특수 공무원, 국정원.

* 과학 연구소, 의약, 동양 의학, 정밀기술, 특수자격증, 분석, 기획, 수질 관리.

* 공학, 산업공학, 기계공학, 전문기술, 무역, 통상.

* 문학, 예술, 예능, 운동, 게임.

* 철학, 사상, 역학.

* 요식업, 특수음식점, 영양사, 미용, 섬유, 의류.

* 부동산, 건자재, 가구, 건축, 토목.

8. 신미(辛未) 적성의 예		
홍길동(요리사/방송인)	19**년 **월 **일	
	甲	辛	己
	午	未	亥

8. 신미(辛未) 적성

월지 미(未)의 지장간(丁乙己) 중 을(乙)과 일간 갑(甲), 기(己)와

연간 기(己)가 통근.

[요식업, 예능]

9. 임신(壬申) 간지의 특성과 분석
(천)간 壬

특성	기체, 공기, 대기권, 흡수력, 정화, 유동성, 정체성, 저장성, 변동성, 확산성, 냉기, 식욕, 습도, 수증기, 큰물, 큰바다, 호수, 흐름, 궁리, 창의성, 변화, 통찰력, 연구, 자기 수련, 종교, 철학, 기획능력, 논리.
연관 직업	홍보, 발명, 창의, 유통, 냉기, 연구, 기획, 강의, 저장성, 큰 스케일, 청각 예술.

(지)지 申(편인)

특성	만물이 익어 가고 단단해짐, 서늘함, 응고, 결실, 암반, 금속, 미적 재능, 권력욕.
연관 직업	금속성 도구, 선박, 기계, 바퀴, 다재다능, 재치.

(지)장간	분석
戊 (편관) 壬 (비견) 庚 (편인)	지지가 편인이고 지장간이 무임경(戊壬庚/편관 비견 편인) 구조이다. 지지와 지장간에 편인이 강해서 일반 사업 등의 세속적인 일보다는 신비한 분야에 관심이 많으며 직관력이 우수하다. 새로운 이론의 연구와 새로운 패러다임 개발에 적합하며 언변과 사교성을 키우면 더욱 좋다. 비견의 영향으로 주체성이 강하며 본인이 중심이 되는 사업에 관심이 많다. 지장간의 편관과 편인 구조로 재물욕보다 명예욕이 강하다.

9. 임신(壬申) 적성

* 교육, 교사, 강사, 지식, 학자, 심리상담, 의약, 언론, 출판.

* 외교, 공직, 검·경, 조사, 수사, 감사, 기술행정, 정보 관리.

* 철재, 금속, 기술, 자격증, 전문기술.

* 양조, 운수, 수산업, 무역, 유통.

* 예술, 예체능, 관광.

* 철학, 종교, 동양철학, 명리, 운명학, 역술.

* 소개업, 중개업, 임대업, 보험업, 외판영업.

9. 임신(壬申) 적성의 예			
홍길동(영화감독)		19**년 **월 **일	
	甲	壬	甲
	辰	申	午

1군-9. 임신(壬申) 적성.

월지 신(申)의 지장간(戊壬庚) 중 임(壬)과 월간 임(壬)이 통근.

[예술, 기술]

2군-49. 임자(壬子) 적성.

지지 신진(申辰)이 신자진합수의 반합이고 월간 임(壬)과 통근.

[예술적 감수성·재능 탁월, 공학·기술, 직관·영감·창조성의 능력.]

10. 계유(癸酉) 간지의 특성과 분석	
(천)간 癸	
특성	물, 눈물, 샘물, 혈액, 액체, 생명의 근원, 사교성, 유희, 소리, 정화(淨化), 변신, 응집력, 양면성, 예술성, 모여 있음, 유동성, 응결(액체의 모습), 씨앗(종자, 자식), 생산, 성취, 연예인의 재능(감각, 몸과 끼의 재주), 구체성, 지혜·명석·논리, 화술, 사교.
연관 직업	우유, 온천, 물 관련, 해운, 외교 관련, 감수성 풍부, 청각 예술, 연예, 예술, 사교, 무대, 빛(조명), 언어(화술), 항공.
(지)지 酉(편인)	
특성	결실, 섬세, 깔끔, 냉정, 내성적.
연관 직업	금속 관련, 보석, 의료, 정밀기계, 침, [공학·엔지니어링·컴퓨터·전기/전자·IT] 관련, 설계.

(지)장간	분석
庚 (정인) 辛 (편인)	지지가 편인이고 지장간이 경신(庚 辛/정인 편인) 구조이다. 직관력과 영감이 좋으며 정신적으로 신비하고 특이한 생각을 많이 한다. 정신적 분야에 몰두하는 편이다. 사교성이 좋은 계수가 지지와 지장간에 편인을 만나 내면적으로 활발한 생각을 한다. 편인에 해당하는 경금과 신금이 겁재 성향을 갖고 있으므로 경쟁심도 강하다. 천간 계수는 상관 성향이 있어 미래 지향적인데 반해 지지 유금은 편인으로 과거지향적이다.

10. 계유(癸酉) 적성

* 보육, 양육, 교육, 교수, 강사, 연구직, 심리상담.

* 의약, 경찰, 법조, 집단·조직의 지도자, 리더, CEO, 단체장.

* 외국어, 무역, 경제.

* IT, 벤처 기업, 기술, 자격증, 아이디어, 고부가가치 사업.

* 예능, 연예, 의류, 재단사, 디자이너, 음식, 양조업, 이미용, 전문직.

* 출판, 언론, 기획, 자격사업, 전문기술업.

* 오락/레저업, 문화사업, 임대업.

* 종교, 역술, 활인업.

10. 계유(癸酉) 적성의 예			
홍길동(배우)		19**년 **월 **일	
	辛	癸	己
	巳	酉	巳

1군-10. 계유(癸酉) 적성.

일간과 월지가 통근. [예능, 연예]

2군-58. 신유(辛酉) 적성.

지지 유사(酉巳)가 사유축합금의 반합이고 일간 신(辛)과 통근.

[방송, 연예]

11. 갑술(甲戌) 간지의 특성과 분석	
(천)간 甲	
특성	봄기운, 시작, 성장, 생명력, 전진, 활동적, 포부, 동심(童心) 기질, 통제와 관리, 추진력, 경쟁력, 탄력성, 직선적 전진, 경직, 자존심.
연관 직업	자동차, 스프링, 드릴, 로켓, 유아, 교육, 목재·제지·섬유, 농업·원예·조림, 건축, 예체능, 신문, 방송, 연예, 정치 외교, 최첨단 기술, 통제력(정치·권력).
(지)지 戌(편재)	
특성	조열한 토양, 건조, 싸늘함, 결실, 신념, 사색, 성찰.
연관 직업	마무리, 창고, 집, 사찰, 부동산, 관광, 풍류와 예술적 재능.

(지)장간	분석
辛 (정관) 丁 (상관) 戊 (편재)	지지가 편재고 지장간이 신정무(辛丁戊/정관 상관 편재) 구조이다. 편재성이 강해 사물과 정신의 통제력이 강하다. 지장간 정관의 영향으로 자신의 감정을 억제할 수 있다. 시간적인 개념(인성)보다 공간적인 개념(재성)이 우수하다. 객관성과 실제 상황을 중시한다. 미래지향적이다. 재물 욕구가 강하며 사업자적 능력과 수완이 좋다. 원대한 이상을 품고 대인 관계가 무난하며 친목 단체를 만들거나 활동하는 것을 좋아한다.

11. 갑술(甲戌) 적성

* 농업, 교육, 생물, 과학, 천문, 멘토, 강의, 외국어, 사회복지.

* 기술직 공무원, 관리 감독, 리더, 고도의 전문직, 토건업, 화학 관련업.

* [시각 · 미술 · 조명 · 디자인 · 무대] 예술, 방송, 전기/전자, 전산.

* 철학, 종교, 활인업, 의약, 역술, 법조.

* 요식업, 금융, 재정, 주식, 부동산업.

11. 갑술(甲戌) 적성의 예		
홍길동(SF작가/IT업)	19**년 **월 **일	
丙	甲	己
戌	戌	亥

11. 갑술(甲戌) 적성

월지 술(戌)의 지장간(辛丁戊) 중 정(丁)과 일간 병(丙), 무(戊)와

연간 기(己)가 통근.

[과학, 전기/전자]

12. 을해(乙亥) 간지의 특성과 분석
(천)간 乙

특성	식물적 생존본능, 생존력, 실속, 물질·경제적, 섬세, 치밀, 유연, 현실성(적응성·사교성·생존력·유연성), 조밀, 실리추구, 친화력, 호소력, 사교적 처세술, 집결, 곡선적·유연성·다양함, 용의주도.
연관 직업	화초, 곡식, 종이, 가구, 문구, 책, 출판, 인쇄, 교육, 강의, 말하기, 숙박, 여행, 레저, 예체능, 기술, 요식업, 유통, 제조업, 컨설팅, 의학, 생명, 정밀기계, 컴퓨터, 금속, 설계, 야구 투수, 토목, 건축, 인테리어, 몸, 피부, 연예계.

(지)지 亥(정인)

특성	바다, 호수, 우물, 끝, 씨앗 저장, 활동성 미약, 에너지 약화.
연관 직업	물·소리 관련업, 인기·생명·의술·연예 관련.

(지)장간	분석
戊 (정재) 甲 (겁재) 壬 (정인)	지지가 정인이고 지장간이 무갑임(戊甲壬/정재 겁재 정인) 구조이다. 평화적이며 타인의 영역을 침범하지 않고 양보와 배려심이 많고 남의 입장을 잘 이해한다. 새로운 것을 추구하며 인내심이 강하다. 정신적인 사고력은 우수한 반면에 현실성이 떨어지며 재물욕이 약한 편이다. 일반 직장과 일반 사업은 불리하며 전문 자유직 프리랜서나 프랜차이즈 업종이 유리. 정인은 직관력과 영감이 뛰어나서 신비한 세계에 관심이 많다. 자격증 학위를 바탕으로 한 전문직이 좋다.

12. 을해(乙亥) 적성

* 물 · 소리 관련, 인기 · 생명 · 의술 · 연예 관련.

* 몸 관리-미용 · 피부 · 성형, 요식업, 의약, 물리치료사, 간호사, 양육 · 보육, 교육.

* 철학, 종교, 신비, 운명예측, 손금, 관상, 풍수지리, 요가, 활인업, 우주 전체 관련, 형이상학적 분야의 수행자.

* 선천적인 독창성과 창작력으로 글과 학문을 통한 직업, 교재 집필, 번역, 통역, 발명가, 광고, 기획, 특허.

* 연료, 화학, 화약, 해양, 천문, 금속 관련 기술.

* 사법계, 언론, 역사.

* 부동산, 운수, 무역, 외국 관련 직업, 관광.

12. 을해(乙亥) 적성의 예		
홍길동(언론·교수·학자)	19**년 **월 **일	
辛	乙	己
巳	亥	巳

12. 을해(乙亥) 적성.

월지 해(亥)의 지장간(戊甲壬)의 갑(甲)과 월간 을(乙)이 통근.

[언론, 교육, 철학, 집필]

13. 병자(丙子) 간지의 특성과 분석	
(천)간 丙	
특성	태양, 자연의 불과 빛, 光, 광선, 광합성, 발산, 폭발, 신(神, 영체), 정신, 사상, 신비, 적극적, 직설적, 억압, 폭발, 열정, 화려, 저돌·도전적, 자신만만, 독선적, 사치, 예술적(특히 시각 예술), 호승심, 호기심, 리더십, 추진력, 원리원칙, 공명정대, 직진성, 엄격, 공익, 희생, 정의.
연관 직업	태양, 조명, 밝은 물질, 폭발물, 용광로, 보일러, 엔진, 방사선, 음식, 조리, 술, 의약, 군·검·경, 교도(행정), 소방, 사격, 양궁, 항공, 해운, 조명, 시각 예술, 연예, 영상, 영화, 무대, 의상, 디자인, 선전·광고·홍보, 외국·외국어, 이동 관련.
(지)지 子(정관)	
특성	종자, 응축 에너지, 액체, 얼음, 냉기, 밤 활동.
연관 직업	교육, 종교, 철학, 의학, 연예, 비밀 및 밤과 관련된 일.

(지)장간	분석
壬 (편관) 癸 (정관)	지지가 정관이고 지장간이 임계(壬 癸/편관 정관) 구조이다. 관성이 강하기 때문에 리더십이 있고 예의범절을 중시하는 반면 융통성과 순발력은 다소 부족할 수 있다. 합리적이고 이성적이며 담백한 성격이다. 성격이 화끈하고 고집이 강한 편으로 사업보다는 직장 생활이 적성에 맞다. 질서 정연하고 획일적 조직 생활, 안정적인 전문직이 가장 적합한 직업이다.

13. 병자(丙子) 적성

* 조직 생활, 칼과 불(의사, 한의사, 요리 등), 집단생활, 정보, 기록, 보관, 경호, 군·검·경, 상명하복식 직업, 공직, 공무원, 재경부, 공기업, 안정적인 전문직.

* 전통 중시, 종교, 철학, 심리, 인문학, 교육, 육아.

* 금융권, 회계, 세무, 세관, 해운, 수산.

* 전문기술업, 용역사업, 납품, 대리점 사업.

* 섬유, 의류, 포목, 가구, 건축, 기계, 금속.

* 전자/전기, IT, 컴퓨터.

* 음악, 연예, 영상, 중매.

13. 병자(丙子) 적성의 예			
홍길동(가수)		19**년 **월 **일	
	丙	辛	丙
	子	卯	辰

13. 병자(丙子) 적성.

통근한 천간과 지지가 없어 일주를 적성으로.

[음악, 연예]

14. 정축(丁丑) 간지의 특성과 분석	
(천)간 丁	
특성	인공적인 빛과 열, 등불, 열기, 사상, 영적 작용(심령), 집중, 섬세, 상상력, 감성, 합리성, 봉사 정신, 원칙, 소극적, 조심성, 노력, 끈기, 객관성, 사고력, 생장운동 활성화, 영리함, 온화, 은근한 추진력, 깔끔/단정, 현실적, 양심적, 정직.
연관 직업	달, 별, [전기/전자, 통신, 인공 열·빛, 전시, 광고, 홍보, 디스플레이], 뜨거운 물질, 보일러, 주유·가스, 사진, 레이저, 안내, 봉사.
(지)지 丑(식신)	
특성	우직한 소, 논밭, 습지, 묘지.
연관 직업	교육, 의료, 종교, 철학, 자영업, 프리랜서.

(지)장간	분석
癸 (편관) 辛 (편재) 己 (식신)	지지가 식신이고 지장간이 계신기(癸辛己/편관 편재 식신) 구조이다. 미래지향적이며 연구하고 궁리한 것이 결실을 보게 된다. 지장간의 기토는 식신이면서 정인의 성향이 있기 때문에 교육자나 상담가 스타일이다. 궁리와 연구를 하여 말로 표현하는 직업이 적합하므로 교수, 교사, 활인업, 설교가 등이 어울린다. 기억력과 해석력이 뛰어나며 타인에게 설명하고 설득시키는 능력도 우수하다. 배려심과 봉사심이 많다. 말보다 실천을 중시하며 화는 잘 안 내지만 한 번 화나면 폭발력이 대단하다.

14. 정축(丁丑) 적성

* 역사 · 고문화 · 문화재 · 박물관 · 도서관 관련, 문화.

* 손기술 · 연구 · 궁리 · 생각이 많은 직업, 생산, 제조.

* 언어로 이뤄지는 금융 · 컨설팅 관련, 연구원, 외국어.

* 디자인, 기예, 예능, 미술, 예술적인 창조 능력.

* 수사, 탐문, 흥신소, 정보, 검찰, 경찰, 특수기관, 공직.

* 전문기술, 경영, 경제, 재무, 금융, 은행, 사금융.

* 활인업, 의학, 간호 관련.

* 학원, 음식, 요식업, 부동산, 건축, 인테리어.

* 금속기계, 금고, 보석세공, 화공계 등의 특수기술직.

* 교육, 교수, 교사, 설교가, 심리상담가, 관리, 운영.

14. 정축(丁丑) 적성의 예		
홍길동(가수/기업인)	19**년 **월 **일	
	己	丁	己
	丑	丑	酉

14. 정축(丁丑) 적성.

천간 기(己)토들과 지지 축(丑)이 통근.

[예능, 관리, 운영]

15. 무인(戊寅) 간지의 특성과 분석
(천)간 戊

특성	중력, 자연의 땅, 토양, 생명 활동 공간, 저장성, 안정감, 수용성, 대기권(거대함), 포용성, 큰 스케일, 고집, 고독한 공간(교섭·조화·중재·조정), 종합과 통일, 집단중심, 중개, 조절.
연관 직업	산, 평야, 토건, 건축, 제방, 지구, 부동산, 가옥, 대지, 기체 공간, 종교, 철학, 의약.

(지)지 寅(편관)

특성	생명 활동, 직진성, 상향성, 탄력성, 권력욕.
연관 직업	목재, 가구, 지물, 섬유, 문구, 화폐, 유아, 교육, 기획, 설계, 디자인, 연예.

(지)장간	분석
戊 (비견) 丙 (편인) 甲 (편관)	지지가 편관이고 지장간이 무병갑(戊丙甲/비견 편인 편관) 구조이다. 인내심이 강하며 주어진 일에 집중한다. 명예욕이 강하다. 지지와 지장간의 편관 영향으로 돈보다 명예를 추구한다. 보수적이고 안정성을 추구한다. 내면이 고독하고 외로우며 세속적인 속세에서 떠나고 싶은 생각이 많다. 의지력과 자제력이 강한 반면에 느긋하고 여유롭지 못하고 조급한 성격이다.

15. 무인(戊寅) 적성

* 언어적 감각과 재주, 손(手)기술, 문학, 외국어.

* 사회복지, 의약, 한의, 외교·정치, 국가고시(특정 면허와 자격)
  관련, 군·검·경, 특수 관공서, 기계, 화약 관련업.

* 정신 분야, 미지 과학 분야, 종교, 정신적 수련.

* 사업, 무역, 농업, 목재, 광업, 건축, 부동산.

* 전문직과 같은 공직, 특수 기술직, 공학 관련 조직이나 교수직.

* 공무원, 법조인, 교육, 학자, 연구가, 정치가.

15. 무인(戊寅) 적성의 예		
홍길동(IT 기업가)	19**년 **월 **일	
	丙	戊	乙
	辰	寅	未

1군-15. 무인(戊寅) 적성.

월지 인(寅)의 지장간(戊丙甲) 중 병(丙), 갑(甲)이 각각 일간 및

연간과 통근.

[기계, 사업, 특수기술]

2군-52. 을묘(乙卯) 적성.

지지 인진(寅辰)이 인묘진합목의 반합이고 연간 을(乙)과 통근.

[컴퓨터·공학·기술, 기업운영]

16. 기묘(己卯) 간지의 특성과 분석
(천)간 己

특성	토양, 흙(온화한 비습토), 모성애적 대지(편안함, 포용성), 마지막 끝마무리[양(陽) 운동에서 음(陰) 운동으로 전환], 땅에서 일어나는 모든 생명 활동의 근원/배경, 휴식, 자애, 생명의 활동 공간이자 밑바탕, 이해타산 없음, 마음의 의지처, 수동적, 수용성, 타인 배려, 섬세, 현실감, 가정적.
연관 직업	옥토, 도로, 도자기, 과수원, 삼림, 묘지, 어머니, 유동성·수동성·동식물 관련.

(지)지 卯(편관)

특성	활발, 생명력, 예민, 감수성.
연관 직업	초목, 곡물, 과일, 채소, 서책, 신문, 문구류, 문서, 교육, 기획, 제조, 생산, 식품, 의료, 화장, 건축, 설계.

(지)장간	분석
甲 (정관)	지지가 편관이고 지장간이 갑을(甲 乙/정관 편관) 구조이다. 목표를 성취하는 것에 대해서 적극적이고 학술적인 분야에 관심과 흥미가 많으며 사고하는 것을 좋아한다. 사물의 형태와 성질을 구분하고 정리하는 능력이 탁월하고 전통적인 분야를 수용하는 자질도 풍부하며 사고력이 민첩하고 영감도 좋다.
乙 (편관)	자기주장을 강하게 하지 않고 속으로 참는 편이며 개인의 이익보다는 다수의 행복을 위하여 봉사하고 배려하는 마음이 강하다. 규칙과 규율을 잘 준수한다. 표현력과 설득력은 다소 부족하나 지장간의 을목의 영향으로 현실감이 있다.

16. 기묘(己卯) 적성

* 교육, 보육, 양육, 교사, 상담, 사회복지, 공익봉사.

* 종교 수행, 동양철학 연구, 풍수, 역술.

* 토지, 원예, 조경, 건물, 토목회사, 건축 관련 납품업.

* 말·개그·MC·아나운서·강의·강연, 언론, 방송, 학원 강사, 서비스 강사.

* 운동·건강·신체 관련, 몸·피부·미용·물리치료, 의약, 병원 행정.

* 활인, 법관, 무관, 산악인, 항공 우주, 스포츠, 산림청, 프리랜서.

* 군·검·경, 전문직, 공직, 정치 외교.

* 수산업, 영업 관련 사업, 대리점 사업, 하청업.

16. 기묘(己卯) 적성의 예			
홍길동(교육/정치인)		19**년 **월 **일	
	己	己	乙
	巳	卯	丑

16. 기묘(己卯) 적성.

월지 묘(卯)와 연간 을(乙)이 통근.

[교육, 정치 외교]

17. 경진(庚辰) 간지의 특성과 분석	
(천)간 庚	
특성	독립적 주체성, 고집, 냉기, 투명함, 솔직담백함, 독립성, 성장 억제(한기, 냉기) 작용, 응집성, 단단함, 천진난만, 견제, 고정성, 보수성, 결실/수확, 금전, 엄숙, 수직적, 원칙적, 우직, 의지.
연관 직업	원석, 철광, 기계공학, 군·검·경, 의약, 차량, 중기, 광업.
(지)지 辰(편인)	
특성	습지, 진흙, 봄, 풍류, 자연, 활동적.
연관 직업	댐, 저수조, 생산력, 기획, 홍보, 언론, 방송, 예술적 재능, 관광.

(지)장간	분석
乙 (정재) 癸 (상관) 戊 (편인)	지지가 편인이고 지장간이 을계무(乙癸戊/정재 상관 편인) 구조이다. 편인이 있어 고집이 있고 직관력과 영감이 발달하여 신비한 영역에 관심이 많다. 종교, 철학, 점성술 등에 탁월한 역량이 있으며 이론보다 실제 감각이 뛰어나다. 지장간 정재의 영향으로 현실적이고 구체적이며 실속을 중시한다. 또한 정확한 수치와 계산에 능하다. 편인의 신비함, 정재의 치밀함, 상관의 사교성 등이 어우러진 종합적인 심리를 갖고 있다. 일대일 방식을 선호한다. 명예욕, 출세욕, 재물욕도 있다.

17. 경진(庚辰) 적성

* 교육, 대인 관계가 요구되는 직업, 심리, 상담, 정신 분야, 언론, 방송계통.

* 자연과학·생명과학·공학, 자영업종 중 꾸미고 드러내는 업종, 예술.

* 역학, 동양철학, 살생대권직, 활인, 종교, 멘토, 자선.

* IT 기획, 프로그래밍, 사업기획, 건축, 설계, 소프트웨어, 변화가 많고 다방면적인 일.

* 의약, 전문기술직, 특수직, 경찰, 검찰, 군인, 무관, 연구직, 식품, 통상, 요식업, 미용업, 운전직.

17. 경진(庚辰) 적성의 예		
홍길동(의사)	19**년 **월 **일	
乙	庚	乙
卯	辰	未

1군-17. 경진(庚辰) 적성.

월지 진(辰)의 지장간(乙癸戊) 중 을(乙)과 연간 및 일간의 을(乙)이 통근. [의약]

2군-52. 을묘(乙卯) 적성.

지지 진묘(辰卯)가 인묘진합목의 반합이고 연간 및 일간의 을(乙)과 통근. [의료, 의약]

18. 신사(辛巳) 간지의 특성과 분석	
(천)간 辛	
특성	보석(빛나고 차갑고 정제된 광물), 단단한 결정체, 예리함(칼·무기), 응집·응축력 최강, 빨아들임, 매운 맛, 냉정, 살벌함, 종자, 결실, 상대적이며 경쟁적 주체성(경쟁, 투지, 질투, 생존 욕구), 자기중심적, 이성적, 논리적, 섬세, 예민, 총명, 분석비판력, 절제, 자존심, 단호함.
연관 직업	광물질, 정밀기계, 의료, 조가, 이미용, 뾰족한 금속, 결정물(씨앗·견과·보석), 과일, 장신구.
(지)지 巳(정관)	
특성	더위 시작, 뱀(왕홀, 권위, 복장, 의약, 신성성), 직설적 언어, 적극적.
연관 직업	빛나는 [물질·사물·현상] 관련, 자동차, 기차, 항공, 전기/전자, 금융, 언론, 방송, 유통.

(지)장간	분석
戊 (정인) 庚 (겁재) 丙 (정관)	지지가 정관이고 지장간이 무경병(戊庚丙/정인 겁재 정관) 구조이다. 지장간에 겁재를 만났으니 승부욕이 강하다. 정관의 영향으로 이성적이지만 스트레스를 받는다. 수용성이 좋지만 강한 경쟁심을 억압하느라 심리적으로 힘들다. 걱정과 생각이 많아서 심리적으로 복합적인 작용을 한다. 정관의 합리성과 겁재의 이기심이 결합되어 있다. 원칙과 의리를 중시한다. 총명하고 실수가 적으며 솔선수범하는 리더십이 장점이다.

18. 신사(辛巳) 적성

＊피부·미용·물리치료 및 관련 물질/커피 등의 제조, 의료.

＊공기업, 공직, 공무원, 행정, 사회봉사, 사회복지.

＊금융(은행·보험·주식·채권 등 모든 분야)계통, 경영, 경제, 무역, 대기업.

＊양육, 보육, 교사, 교수, 인문, 철학.

＊여행, 사진, 영화, 방송.

＊광학, 금속, 세공, 분석, 귀금속, 전문기술.

＊감찰직, 군·검·경, 법조, 살생대권업, 구류술업.

＊항공, 운수, 대리점업.

18. 신사(辛巳) 적성의 예			
홍길동(의사/사업가)		19**년 **월 **일	
	乙	辛	乙
	卯	巳	巳

1군-18. 신사(辛巳) 적성.

월지 사(巳)의 지장간(戊庚丙)의 경(庚)과 월간 신(辛)이 통근.

[의사, 방송, 피부·미용·물리치료 관련 물질 제조]

2군-52. 을묘(乙卯) 적성.

천간 을(乙)과 일지 묘(卯)의 통근력이 강함.

[생명과 몸, 피부 등을 직접 다루는 직업, 의료]

19. 임오(壬午) 간지의 특성과 분석

	(천)간 壬
특성	기체, 공기, 대기권, 흡수력, 정화, 유동성, 정체성, 저장성, 변동성, 확산성, 냉기, 식욕, 습도, 수증기, 큰물, 큰바다, 호수, 흐름, 궁리, 창의성, 변화, 통찰력, 연구, 자기 수련, 종교, 철학, 기획능력, 논리.
연관 직업	홍보, 발명, 창의, 유통, 냉기, 연구, 기획, 강의, 저장성, 큰 스케일, 청각 예술.

	(지)지 午(정재)
특성	태양, 눈, 감수성, 폭발성, 과시욕.
연관 직업	전기/전자, 엔진, 화약, 폭발, 시각 예술적 재능, 조명, 카메라, 언론, 광고, 연예/엔터테인먼트 관련.

(지)장간	분석
丙 (편재) 己 (정관) 丁 (정재)	지지가 정재이고 지장간이 병기정(丙己丁/편재 정관 정재) 구조이다. 지지와 지장간에 정재를 만났으니 성격이 치밀하고 꼼꼼하다. 자유로운 궁리와 연구 심리로 미래지향적이고 낙천적이며 두려움이 없어 전진하는 스타일이다. 재성이 강해 강력한 통제력이 있다. 지장간에 정관이 있어서 객관적인 결론만 인정한다. 자신이 관심 있는 분야에는 집중하지만 관심 없는 분야에는 신경 쓰지 않는다. 기발한 발상과 아이디어를 겸비한 수완가로 손해 보지 않고 실익을 챙기는 타입이다.

19. 임오(壬午) 적성

* 언어, 미술, 화려한 예술, 연기, 연예인.

* 무역, 중개, 해외 관련 자영업.

* 요식업, 숙박, 여행, 관광, 오락/레저업, 서비스업, 학원업, 자영
  업, 제조, 생산, 건설, 임대업.

* 화학, 전문기술, 납품업, 대리점업.

* 외교, 행정, 수사기관, 경찰, 첩보, 흥신, 정보원, 종교, 활인업.

* 주식 · 채권, 금융, 경제.

19. 임오(壬午) 적성의 예		
홍길동(배우)	19**년 **월 **일	
己	壬	庚
卯	午	申

1군-19. 임오(壬午) 적성.

월지 오(午)의 지장간(丙己丁) 중 기(己)토와 일간이 통근.

[화려한 예술, 연기, 연예인]

2군-57. 경신(庚申) 적성.

연주가 서로 통근. [연예]

20. 계미(癸未) 간지의 특성과 분석	
(천)간 癸	
특성	물, 눈물, 샘물, 혈액, 액체, 생명의 근원, 사교성, 유희, 소리, 정화(淨化), 변신, 응집력, 양면성, 예술성, 모여 있음, 유동성, 응결(액체의 모습), 씨앗(종자, 자식), 생산, 성취, 연예인의 재능(감각, 몸과 끼의 재주), 구체성, 지혜·명석·논리, 화술, 사교.
연관 직업	우유, 온천, 물 관련, 해운, 외교 관련, 감수성 풍부, 청각 예술, 연예, 예술, 사교, 무대, 빛(조명), 언어(화술), 항공.
(지)지 未(편관)	
특성	늦더위, 가뭄, 건조 토양.
연관 직업	토지, 도로, 담, 주차장, 마을, 전신주, 사찰, 건축재.

(지)장간	분석
丁 (편재) 乙 (식신) 己 (편관)	지지가 편관이고 지장간이 정을기(丁乙己/편재 식신 편관) 구조이다. 총명하고 생활력이 강하며 결과 지향적이다. 지지와 지장간에 편관을 깔고 있어 스트레스를 많이 받는다. 내면이 항상 긴장하고 있으며 민첩성이 뛰어나다. 지장간에 정화 편재의 영향으로 통제와 관리 능력이 우수하며 신속한 일처리 능력을 갖고 있다. 지장간의 식신의 영향으로 전문적인 연구성도 우수하다. 식신생재가 되기 때문에 노력하면 반드시 결실이 있으며 목표를 향해 돌진하는 능력도 좋다.

20. 계미(癸未) 적성

* 공학 분야, 자연과학, 전기/전자, 전문기술, PC · 인터넷 · 게임, 시각 예술 계통.

* 중간 관리자, 참모 직책, 정치 외교, 사회복지, 공익봉사, 준 공직, 일반 공직, 법조, 시민 활동, 언론, 교육.

* 재정, 금융, 주식, 경제, 영업, 소개업.

* 전문직, 화공업, 연구직, 토목, 건축, 부동산.

* 여행, 토산품, 식품업, 의류업.

* 연예, 방송, 예술, 문학, 출판.

* 종교, 활인, 역술인, 심리상담사, 구류술업.

20. 계미(癸未) 적성의 예		
홍길동(방송인)	19**년 **월 **일	
乙	癸	庚
未	未	戌

20. 계미(癸未) 적성.

월지 미(未)의 지장간(丁乙己) 중 을(乙)이 일간 을(乙)과 통근.

[방송, 연예, 식품]

21. 갑신(甲申) 간지의 특성과 분석	
(천)간 甲	
특성	봄기운, 시작, 성장, 생명력, 전진, 활동적, 포부, 동심(童心) 기질, 통제와 관리, 추진력, 경쟁력, 탄력성, 직선적 전진, 경직, 자존심.
연관 직업	자동차, 스프링, 드릴, 로켓, 유아, 교육, 목재·제지·섬유, 농업·원예·조림, 건축, 예체능, 신문, 방송, 연예, 정치 외교, 최첨단 기술, 통제력(정치·권력).
(지)지 申(편관)	
특성	만물이 익어 가고 단단해짐, 서늘함, 응고, 결실, 암반, 금속, 미적 재능, 권력욕.
연관 직업	금속성 도구, 선박, 기계, 바퀴, 다재다능, 재치.

(지)장간	분석
戊 (편재) 壬 (편인) 庚 (편관)	지지가 편관이고 지장간이 무임경(戊壬庚/편재 편인 편관) 구조이다. 갑목이 지지에 편관을 만나서 금극목으로 스트레스를 받는 형상이다. 다행히 지장간에 임수 편인이 수생목으로 천간을 도와주고 있다. 편관이 강하여 항상 긴장하고 조심스럽게 일을 진행하며 일처리가 민첩하다. 지장간 편인의 영향으로 신비한 영역에 관심이 많고 물리학과 물질계 등에 통찰력도 뛰어나다. 조직에 적응력이 있고 편관이 강해 집중력이 좋다. 명예와 체면을 중시하고 성취욕과 과시욕이 있으며 봉사 정신도 강한 지도자적 자질이 우수하다.

21. 갑신(甲申) 적성

* 군·검·경, 교도관, 행정, 정치, 외교, 언어, 교육, 학원.

* 위험·비밀·조직 관리, 위험한 사물·물질·문서·사람을 관리/
  조작.

* 폭발물, 칼, 무기류, 특수한 프로그램이나 해킹, 특이한 면허, 자
  격, 훈련 과정, 스포츠, 특허 관련, 변화가 많은 직업.

* 사람 몸을 만지거나 다루는 일·직업·학업, 예술계.

* 대기업 운영, 대기업/관공서에 용역, 납품, 프랜차이즈 대리점.

* 이동이 많거나 무언가를 세워 올리는 일.

* 종교, 생살여탈직, 음식업, 항공 우주, 로비스트.

* 무역, 관광, 해운, 특수직, 외무직, 기자, 경찰조직, 학문과 기술
  을 바탕으로 하는 직업.

* 권력계, 의약계, 해외기관, 사업, 운수업.

* 쇠붙이 관련업, 재봉사, 의상디자이너.

21. 갑신(甲申) 적성의 예			
홍길동(기업/금융인)		19**년 **월 **일	
	壬	甲	庚
	子	申	午

1군-21. 갑신(甲申) 적성.

월지 신(申)의 지장간(戊壬庚) 중 경(庚)과 연간의 경(庚), 임(壬)과

일간의 임(壬)이 통근.

[(주식투자기법에 대한)훈련 과정, 대기업 운영]

2군-49. 임자(壬子) 적성.

지지 신자(申子)가 신자진합수의 반합이고 일간과 통근.

[개인 자유 업종, 전문 연구직]

22. 을유(乙酉) 간지의 특성과 분석	
(천)간 乙	
특성	식물적 생존본능, 생존력, 실속, 물질·경제적, 섬세, 치밀, 유연, 현실성(적응성·사교성·생존력·유연성), 조밀, 실리추구, 친화력, 호소력, 사교적 처세술, 집결, 곡선적·유연성·다양함, 용의주도.
연관 직업	화초, 곡식, 종이, 가구, 문구, 책, 출판, 인쇄, 교육, 강의, 말하기, 숙박, 여행, 레저, 예체능, 기술, 요식업, 유통, 제조업, 컨설팅, 의학, 생명, 정밀기계, 컴퓨터, 금속, 설계, 야구 투수, 토목, 건축, 인테리어, 몸, 피부, 연예계.
(지)지 酉(편관)	
특성	결실, 섬세, 깔끔, 냉정, 내성적.
연관 직업	금속 관련, 보석, 의료, 정밀기계, 침, [공학·엔지니어링·컴퓨터·전기/전자·IT] 관련, 설계.

(지)장간	분석
庚 (정관)	지지가 편관이고 지장간이 경신(庚 辛/정관 편관) 구조이다. 집중력이 뛰어나고 물질에 대한 집착력이 강하다. 인내심과 생활력이 강하다. 사업보다 직장 생활이 좋다. 절약 정신이 강하며 직장에서 상사에게 업무 능력을 인정받는다. 주위 환경에 민감하게 반응하거나 수동적인 면이 강하다.
辛 (편관)	손재주가 좋고 공과 사를 잘 구분하며 실수를 적게 한다, 적극성과 진취성과 인내력을 길러야 성공한다. 이득이 되는 일이면 수단과 방법을 가리지 않으며 실리를 추구하기도 한다.

22. 을유(乙酉) 적성

* 화원, 원예, 조경, 특용작물, 조류 관련업.

* 교육, 일반적 직장 생활, 회사원, 공직, 은행, 행정, 세무 공무원, 재경부, 금융, 재무.

* 물리치료, 의료, 군의관.

* 군·검·경, 교도관, 경비, 스포츠, 특수 행정 분야.

* 금속, 기술, 연구원, 기계, 정밀기계, 전기/전자, 세공, 귀금속 분야.

* 살생대권업, 활인업.

* 물류, 유통, 관리, 납품업, 대리점업, 하청, 용역사업.

* 건사재, 토목, 토건, 인테리어.

* 서비스, 미용, 이발사, 피부 관리, 간호사, 요리사, 포목점, 재단사, 디자이너.

* 예술, 예체능, 연예.

22. 을유(乙酉) 적성의 예		
홍길동(산악인)		19**년 **월 **일
	乙	乙	庚
	巳	酉	子

1군-22. 을유(乙酉) 적성.

월지 유(酉)가 연간 경(庚)과 통근. [스포츠]

2군-57. 경신(庚申) 적성.

지지 유사(酉巳)가 사유축합금의 반합이고 연간과 통근.

[스포츠, 레저업]

23. 병술(丙戌) 간지의 특성과 분석	
(천)간 丙	
특성	태양, 자연의 불과 빛, 光, 광선, 광합성, 발산, 폭발, 신(神, 영체), 정신, 사상, 신비, 적극적, 직설적, 억압, 폭발, 열정, 화려, 저돌·도전적, 자신만만, 독선적, 사치, 예술적(특히 시각 예술), 호승심, 호기심, 리더십, 추진력, 원리원칙, 공명정대, 직진성, 엄격, 공익, 희생, 정의.
연관 직업	태양, 조명, 밝은 물질, 폭발물, 용광로, 보일러, 엔진, 방사선, 음식, 조리, 술, 의약, 군·검·경, 교도(행정), 소방, 사격, 양궁, 항공, 해운, 조명, 시각 예술, 연예, 영상, 영화, 무대, 의상, 디자인, 선전·광고·홍보, 외국·외국어, 이동 관련.
(지)지 戌(식신)	
특성	조열한 토양, 건조, 싸늘함, 결실, 신념, 사색, 성찰.
연관 직업	마무리, 창고, 집, 사찰, 부동산, 관광, 풍류와 예술적 재능.

(지)장간	분석
辛 (정재) 丁 (겁재) 戊 (식신)	지지가 식신이며 지장간이 신정무(辛丁戊/정재 겁재 식신) 구조이다. 지지와 지장간의 식신이 강해 배려심이 좋다. 지장간 정재의 영향으로 치밀하고 꼼꼼한 실속파이다. 술토가 있어서 신비한 영역에 관심이 많은 편이다. 사람 관리 능력이 좋고 치밀하고 꼼꼼한 면도 있으며 일반 직장보다는 관리자나 운영자가 적합하다.

23. 병술(丙戌) 적성

* 교육, 의학, 간호, 약학, 신문, 방송, 언론, 문예, 영상, 연예, 출판, 공학, 전문기술, 법조계.

* 종교, 철학, 활인, 기공, 운명학, 명리학, 점술학.

* 화학공, 제조업, 유통업, 무역, 서비스업, 이미용, 의류.

* 보험, 부동산, 개인 사업, 말·언어·화술·문학, 사람 관리, 개인 업체 운영(의류·패션·미용·학원 등), 물류유통, 렌트/리스.

23. 병술(丙戌) 적성의 예		
홍길동(IT 기업가)	19**년 **월 **일	
	壬	丙	乙
	戌	戌	未

23. 병술(丙戌) 적성.

월지 술의 지장간(辛丁戊)의 정(丁)과 월간 병(丙)이 통근.

[공학, 전문기술, 제조·유통업, 개인 사업]

※ 술의 지장간 중 정(丁)의 연관 직업.

[전기/전자, 통신]

24. 정해(丁亥) 간지의 특성과 분석	
(천)간 丁	
특성	인공적인 빛과 열, 등불, 열기, 사상, 영적 작용(심령), 집중, 섬세, 상상력, 감성, 합리성, 봉사 정신, 원칙, 소극적, 조심성, 노력, 끈기, 객관성, 사고력, 생장운동 활성화, 영리함, 온화, 은근한 추진력, 깔끔/단정, 현실적, 양심적, 정직.
연관 직업	달, 별, [전기/전자, 통신, 인공 열·빛, 전시, 광고, 홍보, 디스플레이], 뜨거운 물질, 보일러, 주유·가스, 사진, 레이저, 안내, 봉사.
(지)지 亥(정관)	
특성	바다, 호수, 우물, 끝, 씨앗 저장, 활동성 미약, 에너지 약화.
연관 직업	물·소리 관련업, 인기·생명·의술·연예 관련.

(지)장간	분석
戊 (상관) 甲 (정인) 壬 (정관)	지지가 정관이며 지장간이 무갑임(戊甲壬/상관 정인 정관) 구조이다. 관성이 강하여 원칙적이고 합리적인 성향이다. 지장간 정인의 영향으로 직관력이 우수하다. 미래 지향적이기보다는 과거에 비중을 많이 둔다. 안정적인 공무원, 교육자, 학자, 상담가 적성이다. 객관적인 성격으로 순수하며 있는 그대로 준수한다. 환경 변화에 잘 순응하고 비판적이기보다는 순응하는 편이다. 공평한 마음으로 치우치지 않고 공동체 일에 협조적이며 자신의 이익에 치중하지 않는다.

24. 정해(丁亥) 적성

* 물·소리 관련업, 인기·생명·의술·연예 관련.

* 교육, 문학, 순수인문과학, 예술, 뛰어난 손기술, 연구.

* 금융, 행정, 외교, 공직, 법조, 정보, 수사.

* 의료, 활인, 무속, 역학, 동양철학, 종교, 구류술업, 상담.

* 식품, 오락/레저업, 여행, 관광.

* 운수, 납품, 토목, 건축, 용역사업, 해외 상사, 수산업, 해운업.

24. 정해(丁亥) 적성의 예		
홍길동(가수)		19**년 **월 **일
	壬	丁	庚
	辰	亥	午

1군-24. 정해(丁亥) 적성.

월지 해(亥)와 일간 임(壬)이 통근.

[소리 관련업, 연예]

2군-54. 정사(丁巳) 적성.

월간 정(丁)과 연지 오(午)가 통근.

[방송, 연예]

25. 무자(戊子) 간지의 특성과 분석
(천)간 戊

특성	중력, 자연의 땅, 토양, 생명 활동 공간, 저장성, 안정감, 수용성, 대기권(거대함), 포용성, 큰 스케일, 고집, 고독한 공간(교섭·조화·중재·조정), 종합과 통일, 집단중심, 중개, 조절.
연관직업	산, 평야, 토건, 건축, 제방, 지구, 부동산, 가옥, 대지, 기체 공간, 종교, 철학, 의약.

(지)지 子(정재)

특성	종자, 응축 에너지, 액체, 얼음, 냉기, 밤 활동.
연관직업	교육, 종교, 철학, 의학, 연예, 비밀 및 밤과 관련된 일.

(지)장간	분석
壬 (편재) 癸 (정재)	지지가 정재이며 지장간이 임계(壬 癸/편재 정재) 구조이다. 구체적이고 확실한 것을 좋아한다. 희생정신과 배려심이 좋으나 재성의 영향으로 가끔 인색한 경우가 있다. 육체적인 건강에 신경을 많이 쓰고 수행에 관심이 많으며 실리적인 결과를 추구한다. 활동성이 약하기 때문에 활동 공간이 좁고 제한적이다. 누구의 간섭에서 벗어나 혼자 있는 것을 좋아하며 몸이 편안한 공간을 선호한다.

25. 무자(戊子) 적성

* 개념·현상·사람·물질·물건 등을 설명 및 강의하는 직업, 통제·관리·중개하는 교직, 컨설팅·보험 관련업.

* 운동, 오락/레저, 연예.

* 농업, 농수산물, 식품, 토속 건강식품.

* 전문기술, 특수기술, 운송, 무역, 해운, 수산.

* 요식업, 자영업, 숙박업.

* 의료, 종교인, 역술인.

* 공직, 금융, 보험, 회계, 경리, 경제, 사금융.

* 토목, 건축, 설비, 부동산, 경매.

25. 무자(戊子) 적성의 예		
홍길동(기업 창업주)	19**년 **월 **일	
癸	戊	乙
亥	子	酉

1군-25. 무자(戊子) 적성.

월지 자(子) 수(水)가 일간 계(癸) 수(水)와 통근.

[식품, 경제, 건축]

2군-60. 계해(癸亥) 적성.

지지 자해(子亥)가 해자축합수의 반합이고 일간과 통근.

[물·소리 관련업, 교육, 영업]

26. 기축(己丑) 간지의 특성과 분석	
(천)간 己	
특성	토양, 흙(온화한 비습토), 모성애적 대지(편안함, 포용성), 마지막 끝마무리[양(陽) 운동에서 음(陰) 운동으로 전환], 땅에서 일어나는 모든 생명 활동의 근원/배경, 휴식, 자애, 생명의 활동 공간이자 밑바탕, 이해타산 없음, 마음의 의지처, 수동적, 수용성, 타인 배려, 섬세, 현실감, 가정적.
연관 직업	옥토, 도로, 도자기, 과수원, 삼림, 묘지, 어머니, 유동성·수동성·동식물 관련.
(지)지 丑(비견)	
특성	우직한 소, 논밭, 습지, 묘지.
연관 직업	교육, 의료, 종교, 철학, 자영업, 프리랜서.

(지)장간	분석
癸 (편재) 辛 (식신) 己 (비견)	지지가 비견이며 지장간이 계신기(癸辛己/편재 식신 비견) 구조이다. 개인의 이익보다 다수의 행복을 추구하는 방법을 궁리하고 연구한다. 미래지향적이고 결과를 중시하며 지장간의 신금과 편재의 영향으로 결단력이 있다. 정신적인 분야가 발달되어 있으며 정신적으로 남을 안내하고 이끌어 주며 후원하는 스타일이다. 직관력이 우수하고 암호나 기호 해독 능력이 뛰어나며 기억력도 좋다. 영적이고 신비한 분야를 구체적으로 잘 설명한다. 경쟁적인 승부욕은 부족하나 자신의 재능으로 남을 키워 주고 빛나는 삶을 살게 해 주는 직업이 적합할 수도 있다.

26. 기축(己丑) 적성

* 상담, 심리 상담, 재정 · 세무 공무원, 전형적인 교직 · 교사.

* 농업, 부동산, 중개, 수산, 냉동창고업.

* 학문, 철학, 종교, 활인, 무속, 역술.

* 의약, 정신과 의사, 사회복지, 요양사.

* 연구, 기술, 금속기계 관련, 토목, 건축, 임업.

* 예능, 자유업, 사업가, 교육 사업.

26. 기축(己丑) 적성의 예			
홍길동(치과의/가수)		19**년 **월 **일	
	庚	己	乙
	辰	丑	卯

1군-26. 기축(己丑) 적성.

월지 축(丑)의 지장간(癸辛己) 중 기(己)와 월간이 통근.

[의약, 예능]

2군-52. 을묘(乙卯) 적성.

지지 묘진(卯辰)이 인묘진합목의 반합이고 연간과 통근.

[생명과 몸, 피부 따위를 직접 다루는 직업, 방송, 연예]

27. 경인(庚寅) 간지의 특성과 분석	
(천)간 庚	
특성	독립적 주체성, 고집, 냉기, 투명함, 솔직담백함, 독립성, 성장 억제(한기, 냉기) 작용, 응집성, 단단함, 천진난만, 견제, 고정성, 보수성, 결실/수확, 금전, 엄숙, 수직적, 원칙적, 우직, 의지.
연관 직업	원석, 철광, 기계공학, 군·검·경, 의약, 차량, 중기, 광업.
(지)지 寅(편재)	
특성	생명 활동, 직진성, 상향성, 탄력성, 권력욕.
연관 직업	목재, 가구, 지물, 섬유, 문구, 화폐, 유아, 교육, 기획, 설계, 디자인, 연예.

(지)장간	분석
戊 (편인) 丙 (편관) 甲 (편재)	지지가 편재이며 지장간이 무병갑(戊丙甲/편인 편관 편재) 구조이다. 남의 지시에 움직이지 않고 자기 판단에 의해 결과를 추구한다. 감정적이고 성급한 성격으로 여유로움과 인내심을 길러야 한다. 배려심이 있고 책임감도 강하며 편재성으로 재물에 대한 욕망도 크다. 지장간에 재관인을 모두 갖춘 좋은 구조이지만 성공과 실패의 굴곡이 있다. 자수성가형으로 긍정적인 개척 정신이 강하고 집착력과 성취욕이 대단하다. 활동력이 왕성하며 시작한 일은 끝장을 봐야 직성이 풀린다.

27. 경인(庚寅) 적성

* 조직 관리, 운영, 감독 역할, 정치, 외교, 공직, 법조, 군·검·경, 교도관, 변호사, 감사, 탐정, 조사, 정보, 수사.

* 의약, 인명구조, 살생대권직, 물건·위험한 사물/물질 관리, 철물, 철재.

* 특이한 방식의 거래·매매·유통·금융, 특별한 면허나 자격 관련업, 재정, 금융, 회계사, 세무사.

* 항공, 운수, 무역, 통상, 운영.

* 출판, 인쇄, 섬유, 의류, 가구, 목재, 토목, 건축.

* 화공, 전자, IT.

* 음식, 식품, 레저, 연예, 관광.

생일만으로 알 수 있는 간지 직업 적성

27. 경인(庚寅) 적성의 예			
홍길동(배우/정치인)		19**년 **월 **일	
	丁	庚	辛
	未	寅	亥

27. 경인(庚寅) 적성.

월지 인(寅)의 지장간(戊丙甲) 중 병(丙)과 일간 정(丁)이 통근.

[연예, 정치]

28. 신묘(辛卯) 간지의 특성과 분석	
(천)간 辛	
특성	보석(빛나고 차갑고 정제된 광물), 단단한 결정체, 예리함(칼·무기), 응집·응축력 최강, 빨아들임, 매운맛, 냉정, 살벌함, 종자, 결실, 상대적이며 경쟁적 주체성(경쟁, 투지, 질투, 생존 욕구), 자기중심적, 이성적, 논리적, 섬세, 예민, 총명, 분석비판력, 절제, 자존심, 단호함.
연관 직업	광물질, 정밀기계, 의료, 조각, 이미용, 뾰족한 금속, 결정물(씨앗·견과·보석), 과일, 장신구.
(지)지 卯(편재)	
특성	활발, 생명력, 예민, 감수성.
연관 직업	초목, 곡물, 과일, 채소, 서책, 신문, 문서, 문방구류, 교육, 기획, 제조, 생산, 식품, 의료, 화장, 건축, 설계.

(지)장간	분석
甲 (정재)	지지가 편재이며 지장간이 갑을(甲 乙/정재 편재) 구조이다. 통제력이 강하며 자신의 소유물에 손을 대면 용서하지 않는다. 남의 간섭이나 지배를 받지 않고 자기 생각대로 밀고 나가는 스타일. 일반 직장에서 상사의 지시를 받는 일은 맞지 않으며 전문 자유직, 프리랜서가 적합하다.
乙 (편재)	편재성이 강해 자신의 입장에서 성급하고 단정적인 결론을 내려 나중에 후회하게 된다. 타협하는 자세가 필요하다.

28. 신묘(辛卯) 적성

* 관리·감독·통제력을 갖춘 자기 주도적 직업, 신체 단련, 건강, 의약, 스포츠 산업, 헬스, 사우나, 피부, 이미용, 예술, 사회복지와 봉사, 경호 계통.

* 섬유, 의류, 목재, 목공, 토목, 건축, 문서, 교육, 학원.

* 인테리어 소품, 아이스크림, 초콜릿, 제과 제빵, 도넛, 패스트푸드 관련.

* 기계 엔지니어, 기계공작, 공예, 디자이너.

* 상담, 활인업, 구류술업.

* 오락/레저업, 펜션업, 요식업, 식품.

* 금융, 통상, 운수, 유통.

28. 신묘(辛卯) 적성의 예			
홍길동(배우)		19**년 **월 **일	
	乙	辛	丙
	酉	卯	辰

1군-28. 신묘(辛卯) 적성.

월지 묘(卯)의 지장간(甲 乙) 중 을(乙)과 일간이 통근.

[예술]

2군-52. 을묘(乙卯) 적성.

지지 묘진(卯辰)이 인묘진합목의 반합이고 일간과 통근.

[방송, 연예]

29. 임진(壬辰) 간지의 특성과 분석	
(천)간 壬	
특성	기체, 공기, 대기권, 흡수력, 정화, 유동성, 정체성, 저장성, 변동성, 확산성, 냉기, 식욕, 습도, 수증기, 큰물, 큰바다, 호수, 흐름, 궁리, 창의성, 변화, 통찰력, 연구, 자기 수련, 종교, 철학, 기획능력, 논리.
연관 직업	홍보, 발명, 창의, 유통, 냉기, 연구, 기획, 강의, 저장성, 큰 스케일, 청각 예술.
(지)지 辰(편관)	
특성	습지, 진흙, 봄, 풍류, 자연, 활동적.
연관 직업	댐, 저수조, 생산력, 기획, 홍보, 언론, 방송, 예술적 재능, 관광.

(지)장간	분석
乙 (상관) 癸 (겁재) 戊 (편관)	지지가 편관이며 지장간이 을계무(乙癸戊/상관 겁재 편관) 구조이다. 지지와 지장간에 편관이 있어 인내심과 기억력이 좋으며 스트레스가 많고 긴장을 하여 마음이 편치 못하다. 지장간에 상관의 영향으로 암기력이 좋고 다방면에 박학다식한 것은 지지와 지장간의 편관이 건재하기 때문이다. 지장간 겁재의 영향으로 경쟁심이 강하고 권력과 명예를 지향하며 포부가 크다. 특수 공직이나 큰 조직체에서 능력을 발휘하며 자존심이 강한 반면 생각이 많은 편이다.

29. 임진(壬辰) 적성

* 교육, 양육·보육 기관.

* 창의성이 필요한 자영업종, 연예, 미술, 의류, 섬유 가공, 패션, 디자인, 설계, 인테리어.

* 언론, 방송.

* 정치, 시민단체, 고궁·미술관·도서관·박물관 관련업.

* 유행 상품, 식품 관련, 홈쇼핑, 유통, 관광, 숙박업.

* 스포츠, 군·경·검, 교도관, 수사 기관, 특수기관, 법조.

* 무역, 수산, 해운.

* 수리과학, 공학 관련, 화학, 인화성 물질 대리점.

* 종교, 정신 학문, 활인업, 상담가.

* 건축, 토목, 금융, 경제, 주식, 증권.

29. 임진(壬辰) 적성의 예		
홍길동(가수)	19**년 **월 **일	
	庚	壬	丙
	子	辰	午

1군-29. 임진(壬辰) 적성.

월지 진(辰)의 지장간(乙癸戊) 중 계(癸)가 월간과 통근.

[청각 예술, 연예계]

2군-49. 임자(壬子) 적성.

지지 자진(子辰)이 신자진합수의 반합이고 월간과 통근.

[예술적 감수성 · 재능 탁월]

※ 43. 병오(丙午) 적성 [예술, 방송]도 가능.

30. 계사(癸巳) 간지의 특성과 분석	
(천)간 癸	
특성	물, 눈물, 샘물, 혈액, 액체, 생명의 근원, 사교성, 유희, 소리, 정화(淨化), 변신, 응집력, 양면성, 예술성, 모여 있음, 유동성, 응결(액체의 모습), 씨앗(종자, 자식), 생산, 성취, 연예인의 재능(감각, 몸과 끼의 재주), 구체성, 지혜·명석·논리, 화술, 사교.
연관 직업	우유, 온천, 물 관련, 해운, 외교 관련, 감수성 풍부, 청각 예술, 연예, 예술, 사교, 무대, 빛(조명) 집착, 언어 (화술), 항공.
(지)지 巳(정재)	
특성	더위 시작, 뱀(왕홀, 권위, 복장, 의약, 신성성), 직설적 언어, 적극적.
연관 직업	빛나는 [물질·사물·현상] 관련, 자동차, 기차, 항공, 전기/전자, 금융, 언론, 방송, 유통.

(지)장간	분석
戊 (정관) 庚 (정인) 丙 (정재)	지지가 정재이며 지장간이 무경병(戊庚丙/정관 정인 정재) 구조이다. 지지와 지장간에 정재를 깔고 있으니 정확하고 세밀하다. 두뇌가 총명하고 경제관념이 뛰어나다. 세심한 성격으로 정확한 수치를 좋아한다. 자신의 판단이 옳다고 생각하면 신속하게 결단을 내리는 추진력이 있다. 자신의 주장을 관철시키려고 한다. 수직적인 직업보다는 관리자, 책임자, 감독 등 자신이 권한을 갖는 직업 적성이며 사회적 사업가의 역량도 있다. 추진력은 좋다. 때로는 재물에 대한 집착력이 클 때도 있다.

30. 계사(癸巳) 적성

* 말·언어·사회자·개그·강의·강연, 언론, 출판.

* 가장 보편적인 공무원(교육·세무·행정·복지), 회사 근무(관
  리·연구직), 기획, 개인 사업.

* 운송, 해운, 항공, 해군, 해수욕장, 바다 양식업, 수산업.

* 방송, 연예, 예술, 미술.

* 원예, 토목, 건축.

* 심리 상담, 역술인, 역학, 의약, 법조.

* 경제, 금융, 증권, 주식, 부동산.

* 요식업, 식음료, 개인 사업, 귀금속.

30. 계사(癸巳) 적성의 예		
홍길동(배우)		19**년 **월 **일
	甲	癸	辛
	午	巳	亥

1군-30. 계사(癸巳) 적성.

월지 사(巳)의 지장간(戊庚丙) 중 경(庚)과 연간 신(辛)이 통근.

[연예, 방송]

2군-60. 계해(癸亥) 적성.

월간 계(癸)와 연지 해(亥)가 통근. [연예]

31. 갑오(甲午) 간지의 특성과 분석	
(천)간 甲	
특성	봄기운, 시작, 성장, 생명력, 전진, 활동적, 포부, 동심 (童心) 기질, 통제와 관리, 추진력, 경쟁력, 탄력성, 직선적 전진, 경직, 자존심.
연관 직업	자동차, 스프링, 드릴, 로켓, 유아, 교육, 목재 · 제지 · 섬유, 농업 · 원예 · 조림, 건축, 예체능, 신문, 방송, 연예, 정치 외교, 최첨단 기술, 통제력(정치 · 권력).
(지)지 午(상관)	
특성	태양, 눈, 감수성, 폭발성, 과시욕.
연관 직업	전기/전자, 엔진, 화약, 폭발, 시각 예술적 재능, 조명, 카메라, 언론, 광고, 연예/엔터테인먼트 관련.

(지)장간	분석
丙 (식신) 己 (정재) 丁 (상관)	지지가 상관이며 지장간이 병기정(丙己丁/식신 정재 상관) 구조이다. 변화를 잘하고 두려움 없이 전진하는 스타일이다. 식상이 강하여 우월감이 있다. 식상이 발달하여 대화를 즐기는 강사와 강연 스타일로 급하게 서두르지 않는다. 일반 사무직보다 스스로 알아서 하는 새로운 분야의 전문 자유직 적성이다. 지장간이 식상생재가 되므로 열심히 활동하여 결실을 맺으며 과정보다 결과를 중시하므로 단기간에 성과가 나는 일을 선호한다. 두뇌 회전이 빠르고 순간적인 판단력도 뛰어나다.

31. 갑오(甲午) 적성

* 경영·경제·무역, 금융(주식·증권·보험), 부동산, 공부·학위 취득·고시 관련, 공학, 기술 전문직, 교육 관련.

* 섬유, 의류, 패션, 상업 예술.

* 기호 식품업이나 맛집, 화려한 사업, 쇼핑 호스트, 연예, 예술, 예능, 방송, 광고.

* 기예, 스포츠, 오락/레저업, 여행, 운수.

* 구류술업, 군경, 의약계, 전기 관련.

* 언론, 심리 상담.

31. 갑오(甲午) 적성의 예			
홍길동(방송/앵커)		19**년 **월 **일	
	戊	甲	丙
	午	午	申

1군-31. 갑오(甲午) 적성.

월지 오(午)가 천간 병(丙)과 통근. [언론, 방송]

2군-43. 병오(丙午) 적성.

지지에 오(午) 병립으로 화(火)가 강하고 연간 병(丙)과 통근.

[교수, 방송]

32. 을미(乙未) 간지의 특성과 분석	
(천)간 乙	
특성	식물적 생존본능, 생존력, 실속, 물질 · 경제적, 섬세, 치밀, 유연, 현실성(적응성 · 사교성 · 생존력 · 유연성), 조밀, 실리추구, 친화력, 호소력, 사교적 처세술, 집결, 곡선적 · 유연성 · 다양함, 용의주도.
연관 직업	화초, 곡식, 종이, 가구, 문구, 책, 출판, 인쇄, 교육, 강의, 말하기, 숙박, 여행, 레저, 예체능, 기술, 요식업, 유통, 제조업, 컨설팅, 의학, 생명, 정밀기계, 컴퓨터, 금속, 설계, 야구 투수, 토목, 건축, 인테리어, 몸, 피부, 연예계.
(지)지 未(편재)	
특성	늦더위, 가뭄, 건조 토양.
연관 직업	토지, 도로, 담, 주차장, 마을, 전신주, 사찰, 건축재.

(지)장간	분석
丁 (식신) 乙 (비견) 己 (편재)	지지가 편재이며 지장간이 정을기(丁乙己/식신 비견 편재) 구조이다. 재물에 대한 통제력이 강하고 식신생재가 되어 미래 지향적인 성격이다. 지지에 비견의 영향으로 자신의 소신을 밀고 나가는 주체성이 강하다. 편재가 강하여 강한 통제력이 있으며 변화가 필요하면 언제든지 방향을 변경한다. 남의 조언을 안들을 수 있지만 긍정적이고 진취적인 생각을 한다. 눈앞의 이익과 먼 미래의 이익에 모두 관심이 많다. 간섭과 속박을 싫어하는 자유주의자로 새로운 환경 적응 능력이 뛰어나다.

32. 을미(乙未) 적성

* 신체적 단련, 훈련, 운동.

* 몸에 대한 통제/관리, 외과 의사, 의료.

* 공간 관련(토목 · 건설 · 건축), 개성 있는 건축물, 부동산.

* 요식업, 개인 사업, 잡화점, 판매 서비스.

* 재정, 금융, 재물관리(컨설팅).

* 꾸며내는 능력, 의류, 액세서리.

* 스포츠, 산악인, 오지 생활.

* 컴퓨터, 전자, 정보 통신, 전문기술.

* 농수산물, 무역, 통상, 유통.

* 문학, 서점, 예술, 교육, 학원, 학자, 카피라이터, 비활동적인 직
  업, 정치 외교, 공무원.

* 종교, 무속, 승려, 활인업.

32. 을미(乙未) 적성의 예		
홍길동(미국 전 대통령)	19**년 **월 **일	
己	乙	辛
巳	未	丑

1군-32. 을미(乙未) 적성.

월지 미(未)의 지장간(丁乙己) 중 을(乙)과 월간이, 기(己)와 일간

이 통근. [정치 외교]

2군-58. 신유(辛酉) 적성.

지지 사축(巳丑)이 사유축합금의 반합이고 연간과 통근.

[법조, 교육, 공직]

33. 병신(丙申) 간지의 특성과 분석	
(천)간 丙	
특성	태양, 자연의 불과 빛, 光, 광선, 광합성, 발산, 폭발, 신(神, 영체), 정신, 사상, 신비, 적극적, 직설적, 억압, 폭발, 열정, 화려, 저돌·도전적, 자신만만, 독선적, 사치, 예술적(특히 시각 예술), 호승심, 호기심, 리더십, 추진력, 원리원칙, 공명정대, 직진성, 엄격, 공익, 희생, 정의.
연관 직업	태양, 조명, 밝은 물질, 폭발물, 용광로, 보일러, 엔진, 방사선, 음식, 조리, 술, 의약, 군·검·경, 교도(행정), 소방, 사격, 양궁, 항공, 해운, 조명, 시각 예술, 연예, 영상, 영화, 무대, 의상, 디자인, 선전·광고·홍보, 외국·외국어, 이동 관련.
(지)지 申(편재)	
특성	만물이 익어 가고 단단해짐, 서늘함, 응고, 결실, 암반, 금속, 미적 재능, 권력욕.
연관 직업	금속성 도구, 선박, 기계, 바퀴, 다재다능, 재치.

(지)장간	분석
戊 (식신) 壬 (편관) 庚 (편재)	지지가 편재이며 지장간이 무임경(戊壬庚/식신 편관 편재) 구조이다. 지지와 지장간의 편재성이 강해 강력한 통제력이 있으나 지장간의 임수가 편관이므로 내면에 두려움이 있다. 어려운 일이 있어도 잘 극복하며 신속한 일처리를 좋아한다. 지장간 편관의 작용으로 기억력이 좋고 인내심도 강하다. 권위적이면서 독재성은 있으나 지장간의 식신과 편재의 영향으로 계획을 세우고 일을 진행한다. 명예와 권위를 중시한다.

33. 병신(丙申) 적성

* 기계, 운수, 전문기술 분야, IT, 컴퓨터 사업.

* 금융, 재정 계통, 외국 상사, 무역.

* 문인, 교수직, 작가, 정신적 무장(종교적 심취).

* 국회의원, 정치가, 외교, 로비스트.

* 의약계, 인명구조, 화재 진압, 긴급 구호, 응급 처치.

* 시각 예술, 연예, 영상, 사회자, MC.

* 건축 설계, 건설 · 건축 · 토목.

* 무관, 군대, 조직 생활, 경호 · 정보(원) · (산업)스파이, 비밀자료 관리(일등교관, 훈련관).

* 해운 · 항만 · 항공 관련, 여행, 관광.

33. 병신(丙申) 적성의 예				
홍길동(배우)		19**년 **월 **일		
	己	丙		辛
	巳	申		亥

1군-33. 병신(丙申) 적성.

월지 신(申)의 지장간(戊壬庚) 중 경(庚)이 연간 신(辛)과, 무(戊)

와 일간 기(己)가 각각 통근.

[연예, 영상]

2군-43. 병오(丙午) 적성.

월간 병(丙)과 일지 사(巳)가 통근. [연예, 방송]

34. 정유(丁酉) 간지의 특성과 분석	
(천)간 丁	
특성	인공적인 빛과 열, 등불, 열기, 사상, 영적 작용(심령), 집중, 섬세, 상상력, 감성, 합리성, 봉사 정신, 원칙, 소극적, 조심성, 노력, 끈기, 객관성, 사고력, 생장운동 활성화, 영리함, 온화, 은근한 추진력, 깔끔·단정, 현실적, 양심적, 정직.
연관 직업	달, 별, [전기/전자, 통신, 인공 열·빛, 전시, 광고, 홍보, 디스플레이], 뜨거운 물질, 보일러, 주유·가스, 사진, 레이저, 안내, 봉사.
(지)지 酉(편재)	
특성	결실, 섬세, 깔끔, 냉정, 내성적.
연관 직업	금속 관련, 보석, 의료, 정밀기계, 침, [공학·엔지니어링·컴퓨터·전기/전자·IT] 관련, 설계.

(지)장간	분석
庚 (정재)	지지가 편재이며 지장간이 경신(庚 辛/정재 편재) 구조이다. 편재성이 강하여 공간을 통제하는 능력이 좋다. 자신의 주관과 생각대로 추진하며 내 마음대로 관리하고 통제해야 하고 사물에 대한 집착이 약하다. 과거는 잊어버리고 새로운 일에 몰두하며 원리원칙주의자로 규칙을 잘 지킨다. 남에게 명령하고 지시하는 스타일의 직업이 맞으며 현실적이다.
辛 (편재)	일반 직장 생활보다는 스스로 알아서 하는 전문 자유직이나 사업자 적성이다. 직장 생활 중에는 자신이 책임을 지고 운영하는 관리직은 맞다.

34. 정유(丁酉) 적성

* 관리·감독·지시·명령·지휘·리더, 개인 사업.

* 금속성 도구(기계·기술·공학 분야, 가위, 계산기, 정밀 계산이나 관측, 자, 컴퍼스, 칼 등)를 쓰는 직업과 연관.

* 신문방송, 언론, 외교, 연구기획, 교육, 상담, 구류술업, 금융권, 재무.

* 제조·생산 업종, 손과 도구를 사용하는 기술, 재단, 회계, 장식, 음식, 식품, 의상, 이미용, 제철 제강, 금속.

* 성형외과, 의약, 치과 관련.

* 해양, 수산, 농산물, 당구장, 쌀가게, 완구점, 사금융.

34. 정유(丁酉) 적성의 예			
홍길동(의사/교수)		19**년 **월 **일	
	戊	丁	辛
	申	酉	亥

1군-34. 정유(丁酉) 적성.

월지 유(酉)가 연간 신(辛)과 통근. [의약, 교육]

2군-58. 신유(辛酉) 적성.

지지 유신(酉申)이 신유술합금의 반합이고 연간과 통근.

[의료, 교육]

35. 무술(戊戌) 간지의 특성과 분석	
(천)간 戊	
특성	중력, 자연의 땅, 토양, 생명 활동 공간, 저장성, 안정감, 수용성, 대기권(거대함), 포용성, 큰 스케일, 고집, 고독한 공간(교섭 · 조화 · 중재 · 조정), 종합과 통일, 집단중심, 중개, 조절.
연관 직업	산, 평야, 토건, 건축, 제방, 지구, 부동산, 가옥, 대지, 기체 공간, 종교, 철학, 의약.
(지)지 戌(비견)	
특성	조열한 토양, 건조, 싸늘함, 결실, 신념, 사색, 성찰.
연관 직업	마무리, 창고, 집, 사찰, 부동산, 관광, 풍류와 예술적 재능.

(지)장간	분석
辛 (상관) 丁 (정인) 戊 (비견)	지지가 비견이며 지장간이 신정무(辛丁戊/상관 정인 비견) 구조이다. 지장간의 비견 때문에 주체성이 있고 자존심이 강하다. 상관의 영향으로 감정적이고 미래지향적이다. 정인의 영향으로 직관력이 우수하여 운명이나 영적 세계 등 신비한 영역에 관심이 많다. 대인 관계에서 사교성이 약하고 사색적, 철학적, 형이상학적 성향으로 사회성과 현실성이 떨어지며 영적인 세계를 지배하려는 속성이 강하다.

35. 무술(戊戌) 적성

* 군·검·경·교도관, 정치·노동조합·시민단체 활동, 철학·역사·고고학·인류학, 교육.

* 농업, 토산품, 창고, 고물상, 부동산, 건축업.

* 종교, 종교 서적, 고서화, 역학, 예술, 기예.

* 의약, 한의, 전문기술, 연구직, 공직.

* 상담, 역술인, 무속인, 퇴마사, 정신과 의사.

35. 무술(戊戌) 적성의 예			
홍길동(철학자/교수)		19**년 **월 **일	
	丁	戊	丙
	丑	戌	寅

1군-35. 무술(戊戌) 적성.

월지 술의 지장간(辛丁戊) 중 정무(丁戊)와 천간 병무정(丙戊丁)

이 통근.

[철학 · 역사 · 고고학 · 인류학, 연구, 교육]

2군-43. 병오(丙午) 적성.

지지 인술(寅戌)이 인오술합화의 반합이고 천간 병정(丙丁)과 통

근. [교수, 특정 이론의 전문가]

36. 기해(己亥) 간지의 특성과 분석	
(천)간 己	
특성	토양, 흙(온화한 비습토), 모성애적 대지(편안함, 포용성), 마지막 끝마무리[양(陽) 운동에서 음(陰) 운동으로 전환], 땅에서 일어나는 모든 생명 활동의 근원/배경, 휴식, 자애, 생명의 활동 공간이자 밑바탕, 이해타산 없음, 마음의 의지처, 수동적, 수용성, 타인 배려, 섬세, 현실감, 가정적.
연관 직업	옥토, 도로, 도자기, 과수원, 삼림, 묘지, 어머니, 유동성·수동성·동식물 관련.
(지)지 亥(정재)	
특성	바다, 호수, 우물, 끝, 씨앗 저장, 활동성 미약, 에너지 약화.
연관 직업	물·소리 관련업, 인기·생명·의술·연예 관련.

(지)장간	분석
戊 (겁재) 甲 (정관) 壬 (정재)	지지가 정재이며 지장간이 무갑임(戊甲壬/겁재 정관 정재) 구조이다. 지지와 지장간에 정재를 깔고 있어 정확하고 치밀하며 구체적인 것에 대한 연구능력이 좋다. 정관의 영향으로 보수적이고 체면과 예의를 중시한다. 공익에 관심이 많으며 결과가 고정적이지 않고 변수가 많다. 자신의 이익에는 관심이 많지만 이기주의자는 아니며 더불어 함께하는 마음이 강하다. 약간 고지식한 면도 있지만 사치와 낭비를 싫어하고 소박하고 알뜰한 편이다. 두뇌가 총명하고 논리적이며 직관력도 우수하다.

36. 기해(己亥) 적성

* 물·소리 관련, 인기·생명·의술·연예 관련.

* 거의 모든 직업 소화 가능, 특히 물질/물건을 관리·통제·생산 (제조)하는 분야.

* 교육·양육·보육, 금융(은행·보험·주식), 소규모의 판매업종, 식품업.

* 경영·경제, 무역·국제 거래, 재정·회계·중개·컨설팅.

* 수산업, 해운업, 원양어업, 밤을 밝히는 직업군.

* 원처 사업, 수산업, 운수, 관광업, 개인 사업.

* 법조, 공직, 행정직, 일반회사, 납품업, 교육 사업, 외교, 외국 상사.

36. 기해(己亥) 적성의 예			
홍길동(학원사업)		19**년 **월 **일	
	壬	己	丙
	午	亥	辰

1군-36. 기해(己亥) 적성.

월지 해(亥)가 일간 임(壬)과 통근. [교육 사업]

2군-43. 병오(丙午) 적성. 연간 병(丙)과 일지 오(午)가 통근.

[교육, 학원]

37. 경자(庚子) 간지의 특성과 분석	
(천)간 庚	
특성	독립적 주체성, 고집, 냉기, 투명함, 솔직담백함, 독립성, 성장 억제(한기, 냉기) 작용, 응집성, 단단함, 천진난만, 견제, 고정성, 보수성, 결실/수확, 금전, 엄숙, 수직적, 원칙적, 우직, 의지.
연관 직업	원석, 철광, 기계공학, 군·검·경, 의약, 차량, 중기, 광업.
(지)지 子(상관)	
특성	종자, 응축 에너지, 액체, 얼음, 냉기, 밤 활동.
연관 직업	교육, 종교, 철학, 의학, 연예, 비밀 및 밤과 관련된 일.

(지)장간	분석
壬 (식신)	지지가 상관이며 지장간이 임계(壬 癸/식신 상관) 구조이다. 상관을 만나 독립적인 능력을 발휘한다. 두뇌가 총명하고 느긋하게 토론을 즐기는 낙천적인 스타일이며 미래지향적이다. 식상이 강해 사교성이 좋다. 반면 재성이 없어서 활동에 비해 결실이 부족할 수 있다.
癸 (상관)	남의 지시에 따르는 종속적인 형태의 일을 싫어하고 자신이 리더가 되어 지시하는 형태의 일을 좋아한다. 일반 직장의 직원이나 종업원으로 일을 하면 상사나 사장과 마찰이 생겨 스트레스를 많이 받을 수 있으므로 전문 자유 직업이 적합하다.

37. 경자(庚子) 적성

* 외교관, 정치지도자, 사회운동가, 환경운동가, 자선사업.

* 운송·물류·택배·유통, 식당·주방·음식·식품·요식업 분야.

* 예체능(소리·춤·몸), 기예, 오락/레저, 문학, 예술, 연예.

* 교수직, 전문 연구직, 강사, 교육 계통.

* 생물, 이미용, 응급 처치·구조·의·약·한의·물리치료·생명
  학 관련, 의약 관련 자격사업.

* 종교, 철학, 활인, 컨설팅·상담·설득 분야, 중매.

* 연구, 기획, 전문기술, 발명.

* 토목, 건축, 장식, 인테리어업.

* 검경, 언론, 방송, 관리자, 운영자.

37. 경자(庚子) 적성의 예			
홍길동(가수/운영자)		19**년 **월 **일	
	壬	庚	辛
	申	子	亥

1군-37. 경자(庚子) 적성.

월지 자(子)와 일간 임(壬)과 통근.

[예체능(소리·춤·몸), 운영자]

2군-49. 임자(壬子) 적성.

지지 해자신(亥子申)이 신자진합수 및 해자축합수의 반합이 중

복되고 일간과 통근.

[예술적 감수성·재능 탁월, 창조성의 능력, 기획]

38. 신축(辛丑) 간지의 특성과 분석	
(천)간 辛	
특성	보석(빛나고 차갑고 정제된 광물), 단단한 결정체, 예리함(칼·무기), 응집·응축력 최강, 빨아들임, 매운맛, 냉정, 살벌함, 종자, 결실, 상대적이며 경쟁적 주체성(경쟁, 투지, 질투, 생존 욕구), 자기중심적, 이성적, 논리적, 섬세, 예민, 총명, 분석비판력, 절제, 자존심, 단호함.
연관 직업	광물질, 정밀기계, 의료, 조각, 이미용, 뾰족한 금속, 결정물(씨앗·견과·보석), 과일, 장신구.
(지)지 丑(편인)	
특성	우직한 소, 논밭, 습지, 묘지.
연관 직업	교육, 의료, 종교, 철학, 자영업, 프리랜서.

(지)장간	분석
癸 (식신) 辛 (비견) 己 (편인)	지지가 편인이며 지장간이 계신기(癸辛己/식신 비견 편인) 구조이다. 지장간의 식신은 미래지향적인 데 반해 편인은 과거 지향적이어서 심리적 갈등이 있다. 기획, 설계 능력이 우수하고 지략이 뛰어나며 남에게 폐 끼치는 것을 싫어한다. 직관력이 뛰어나고 약속을 잘 지키며 자존심이 강하므로 융통성과 포용력을 길러야 한다. 재물 욕구는 크지만 단독적이고 일반적인 사업엔 적극성이 부족할 수 있다.

38. 신축(辛丑) 적성

* 재물과 물질에 대한 창의적 아이디어의 소유자.

* 음식 · 신체 · 동식물 기르기 · 의복을 관리/통제/조작하는 능력, 수산 관련업.

* 재물(경영 · 경제) · 조직 · 인맥 관리 능력, 자료 관리, 리더 · 경영자 · 지도자.

* 엄정한 비밀자료, 관리, 범죄 수사, 분석, 군 · 검 · 경, 수사관.

* 운동, 스포츠, 연예.

* 신체 · 간호 · 생명 · 인명 구조, 보육 · 양육 · 교육.

* 전문기술, 비철금속, 자격증, 설계, 건축, 부동산, 임대, 사무, 일반회사, 반복적인 업무, 공무원.

* 철학, 종교, 자선단체, 선교.

* 공직, 기술직, 의료, 의약 관련업, 보건복지.

* 문화, 학자, 상담, 역학.

38. 신축(辛丑) 적성의 예		
홍길동(배우)	19**년 **월 **일	
辛	庚	庚
丑	辰	午

38. 신축(辛丑) 적성.

월지와 통근한 천간이 없고 일간 신(辛)과 일지 축(丑)의 지장간

(癸辛己) 중 신(辛)이 통근.

[연예]

39. 임인(壬寅) 간지의 특성과 분석
(천)간 壬

특성	기체, 공기, 대기권, 흡수력, 정화, 유동성, 정체성, 저장성, 변동성, 확산성, 냉기, 식욕, 습도, 수증기, 큰물, 큰바다, 호수, 흐름, 궁리, 창의성, 변화, 통찰력, 연구, 자기 수련, 종교, 철학, 기획능력, 논리.
연관 직업	홍보, 발명, 창의, 유통, 냉기, 연구, 기획, 강의, 저장성, 큰 스케일, 청각 예술.

(지)지 寅(식신)

특성	생명 활동, 직진성, 상향성, 탄력성, 권력욕.
연관 직업	목재, 가구, 지물, 섬유, 문구, 화폐, 유아, 교육, 기획, 설계, 디자인, 연예.

(지)장간	분석
戊 (편관) 丙 (편재) 甲 (식신)	지지가 식신이며 지장간이 무병갑(戊丙甲/편관 편재 식신) 구조이다. 지지와 지장간에 식신이 있어 학문과 공부를 연구하고 궁리하는데 몰입력이 뛰어나다. 지장간이 식신생재가 되므로 미래지향적이고 구체적이며 강력한 추진력이 있다. 남이 자신의 일에 간섭하면 크게 반발하며 적성에 맞는 직업을 선택하지 못하면 방황한다. 창의력이 뛰어나므로 새로운 패러다임을 연구 개발하는 능력이 우수하다.

39. 임인(壬寅) 적성

* 제조업·생산업종(물건·상품을 직접 만들고 포장), 육아 관련 제품 제조·유통.

* 전문 연구직, 교수직, 일반 자연과학·공학, 전자, IT, 전문기술, 교육 관련 서비스, 용역.

* 해외 기업, 무역, 운수, 수산.

* 금융, 애널리스트, 외환딜러.

* 식음료, 요식업, 오락/레저업, 관광.

* 토목, 건설, 건축.

* 법조, 외교.

* 문학, 예술, 연예.

39. 임인(壬寅) 적성의 예		
홍길동(가수)	19**년 **월 **일	
壬	壬	丁
申	寅	亥

39. 임인(壬寅) 적성.

월지 인(寅)의 지장간(戊丙甲)의 병(丙)화와 연간 정(丁)화가 통

근. [청각 예술, 연예]

40. 계묘(癸卯) 간지의 특성과 분석	
(천)간 癸	
특성	물, 눈물, 샘물, 혈액, 액체, 생명의 근원, 사교성, 유희, 소리, 정화(淨化), 변신, 응집력, 양면성, 예술성, 모여 있음, 유동성, 응결(액체의 모습), 씨앗(종자, 자식), 생산, 성취, 연예인의 재능(감각, 몸과 끼의 재주), 구체성, 지혜·명석·논리, 화술, 사교.
연관 직업	우유, 온천, 물 관련, 해운, 외교 관련, 감수성 풍부, 청각 예술, 연예, 예술, 사교, 무대, 빛(조명), 언어(화술), 항공.
(지)지 卯(식신)	
특성	활발, 생명력, 예민, 감수성.
연관 직업	초목, 곡물, 과일, 채소, 서책, 신문, 문방구류, 문서, 교육, 기획, 제조, 생산, 식품, 의료, 화장, 건축, 설계.

(지)장간	분석
甲 (상관) 乙 (식신)	지지가 식신이며 지장간이 갑을(甲 乙/상관 식신) 구조이다. 식신에 해당하는 묘목과 을목이 구체적이고 현실적인 실리를 추구한다. 식신이 강하여 배려심이 좋은 반면에 자신에게 이익이 되지 않는 일에는 관심이 없다. 언변과 연구심이 좋으며 문학, 소설, 창작 등에도 관심이 많아 작가의 역량도 있다. 생각이 민첩하여 신속하게 일을 처리한다. 상하 위계질서가 있는 수직적인 직업보다 수평적이고 자유로운 직업이 적합할 수 있다.

40. 계묘(癸卯) 적성

* 작가, 문학, 출판, 예술, 기획, 설계, 카피라이터.

* 생명공학, 전기/전자, 연구직, 전문기술, 전문자격, 한의 · 의 · 약 · 치 · 수의.

* 영양, 식품공학, 음식, 요리, 요식업, 화장품, 피부 · 미용.

* 관리, 금융 · 주식 · 보험 · 선물, 홈쇼핑, 컨설팅.

* 종교, 역학, 점술, 주역, 동양철학, 상담, 심리연구.

* 미술, 예술, 방송, 연예, 예능, 기예.

* 원예, 목재, 토목, 건축, 축산, 식품, 음료.

* 숙박업, 여행, 서비스업, 자유업.

* 교육, 언론, 법조.

40. 계묘(癸卯) 적성의 예		
홍길동(가수)	19**년 **월 **일	
	乙	癸	壬
	酉	卯	申

40. 계묘(癸卯) 적성.

월지 묘(卯)가 일간 을(乙)과 통근.

[청각 예술, 연예]

41. 갑진(甲辰) 간지의 특성과 분석	
(천)간 甲	
특성	봄기운, 시작, 성장, 생명력, 전진, 활동적, 포부, 동심(童心) 기질, 통제와 관리, 추진력, 경쟁력, 탄력성, 직선적 전진, 경직, 자존심.
연관 직업	자동차, 스프링, 드릴, 로켓, 유아, 교육, 목재·제지·섬유, 농업·원예·조림, 건축, 예체능, 신문, 방송, 연예, 정치 외교, 최첨단 기술, 통제력(정치·권력).
(지)지 辰(편재)	
특성	습지, 진흙, 봄, 풍류, 자연, 활동적.
연관 직업	댐, 저수조, 생산력, 기획, 홍보, 언론, 방송, 예술적 재능, 관광.

(지)장간	분석
乙 (겁재) 癸 (정인) 戊 (편재)	지지가 편재이며 지장간이 을계무(乙癸戊/겁재 정인 편재) 구조이다. 지지와 지장간에 편재가 강하고 정인과 겁재의 영향으로 직관적인 판단력으로 사물을 통제하는 능력이 우수하다. 승부욕이 강하고 목표가 정해지면 돌격하는 스타일이다. 지체하지 않고 일을 과감하게 추진한다. 일반 직원보다는 감독, 책임자, 관리자, 운영자 타입이다. 편재에 해당하는 진토가 추상적인 직관력과 영감이 우수하다. 활동력이 왕성하고 현실을 중시한다.

41. 갑진(甲辰) 적성

* [컴퓨터 · 기계 · 정보] 공학, IT, 산업 공학, 땅 · 토양 · 광산.

* 부동산, 토목, 농업, 농산물, 목재, 원예, 조경.

* 음식, 의류, 비료, 인테리어.

* 감독, 관리직, 공무원.

* 경영학, 경제학, 무역학, 회계학, 공학, 사회과학, 학원.

* 금융권, 재무, 회계, 공직, 사업, 무역.

* 교육계, 의료계, 법정계, 재정계.

* 레저업, 방송, 연예, 예술, 요식업, 식품업.

41. 갑진(甲辰) 적성의 예		
홍길동(가수)	19**년 **월 **일	
	丙	甲	壬
	戌	辰	寅

1군-41. 갑진(甲辰) 적성.

월지 진(辰)의 지장간(乙癸戊) 중 을(乙)이 월간 갑(甲)과 통근.

[연예, 방송]

2군-51. 갑인(甲寅) 적성.

지지 인진(寅辰)이 인묘진합목의 반합으로 월간 갑(甲)과 통근.

[연예, 방송]

42. 을사(乙巳) 간지의 특성과 분석	
(천)간 乙	
특성	식물적 생존본능, 생존력, 실속, 물질·경제적, 섬세, 치밀, 유연, 현실성(적응성·사교성·생존력·유연성), 조밀, 실리추구, 친화력, 호소력, 사교적 처세술, 집결, 곡선적·유연성·다양함, 용의주도.
연관 직업	화초, 곡식, 종이, 가구, 문구, 책, 출판, 인쇄, 교육, 강의, 말하기, 숙박, 여행, 레저, 예체능, 기술, 요식업, 유통, 제조업, 컨설팅, 의학, 생명, 정밀기계, 컴퓨터, 금속, 설계, 야구 투수, 토목, 건축, 인테리어, 몸, 피부, 연예계.
(지)지 巳(상관)	
특성	더위 시작, 뱀(왕홀, 권위, 복장, 의약, 신성성), 직설적 언어, 적극적.
연관 직업	빛나는 [물질·사물·현상] 관련, 자동차, 기차, 항공, 전기/전자, 금융, 언론, 방송, 유통.

(지)장간	분석
戊 (정재) 庚 (정관) 丙 (상관)	지지가 상관이며 지장간이 무경병(戊庚丙/정재 정관 상관) 구조이다. 지지와 지장간에 상관이 있어 언변이 좋고 정재를 깔고 있어서 실속파이다. 아이디어와 생활력이 강하고 지혜롭다. 상관생재가 되어 미래지향적이며 보수적인 것을 싫어하며 세련된 것을 선호한다. 미적 감각도 뛰어나다. 직장 생활도 어울리지만 한 직장에서 오래 있는 것보다는 언변을 활용할 수 있는 전문 자유직으로 변화를 주어도 무난하다.

42. 을사(乙巳) 적성

* 몸과 생명 혹은 외모(피부)에 관련되는 일, 스포츠, 의약, 간호.

* 손을 쓰는 자격·면허·노동, 요식업, 농업, 과수원, 조종사, 스튜어디스.

* 제조·판매·유통, 무역, 부동산, 임대업(렌트·리스·펜션).

* 일본·독일·서유럽 관련.

* 음양오행, 동양철학(주역, 사주명리학, 성명학, 점법, 점술, 관상학 등).

* 언론, 감정노동, 교육, 구술업(口述業).

* 대민 업무 관련, 공직, 외교, 금융권, 재무직, 회계, 경리, 공사, 화학회사, 전문기술, 운수업.

* 출판, 광고, 홍보, 영업, 인쇄, 기술.

* 서예, 미술, 시각 예술, 문화, 예술, 방송, 연예, 예능.

42. 을사(乙巳) 적성의 예			
홍길동(배우)		19**년 **월 **일	
	乙	乙	壬
	巳	巳	戌

42. 을사(乙巳) 적성.

통근한 것이 없어 일주를 적성으로.

[방송, 연예]

43. 병오(丙午) 간지의 특성과 분석	
(천)간 丙	
특성	태양, 자연의 불과 빛, 光, 광선, 광합성, 발산, 폭발, 신(神, 영체), 정신, 사상, 신비, 적극적, 직설적, 억압, 폭발, 열정, 화려, 저돌·도전적, 자신만만, 독선적, 사치, 예술적(특히 시각 예술), 호승심, 호기심, 리더십, 추진력, 원리원칙, 공명정대, 직진성, 엄격, 공익, 희생, 정의.
연관 직업	태양, 조명, 밝은 물질, 폭발물, 용광로, 보일러, 엔진, 방사선, 음식, 조리, 술, 의약, 군·검·경, 교도(행정), 소방, 사격, 양궁, 항공, 해운, 조명, 시각 예술, 연예, 영상, 영화, 무대, 의상, 디자인, 선전·광고·홍보, 외국·외국어, 이동 관련.
(지)지 午(겁재)	
특성	태양, 눈, 감수성, 폭발성, 과시욕.
연관 직업	전기/전자, 엔진, 화약, 폭발, 시각 예술적 재능, 조명, 카메라, 언론, 광고, 연예/엔터테인먼트 관련.

(지)장간	분석
丙 (비견) 己 (상관) 丁 (겁재)	지지가 겁재이며 지장간이 병기정(丙己丁/비견 상관 겁재) 구조이다. 비견 겁재로 경쟁심과 승부욕이 강하다. 저돌성과 이상도 높고 봉사 정신도 갖추고 있어 지도자의 상이라 할 수 있다. 대체로 머리가 좋아 소질이 있고 능력 발휘가 이루어져 공부 인연은 성공을 이룬다. 특기 기술 자격증을 바탕으로 독립적인 전문 자유직이 적합하다.

43. 병오(丙午) 적성

* 교수직, 교육, [정치적 운동권 · 노조 · 시민단체 활동] 분야.

* 몸 · 건강, 의약, 전문기술을 바탕으로 한 공학.

* 경영, 경제, 재정.

* 제조, 가공, 무역, 해외 출입, 외국 상사, 외국환 관련.

* 군 · 검 · 경, 교도관.

* 운동선수, 체육관, 스포츠계, 헬스 · 국가대표 선수, 신체적 활동, 서비스 계통.

* 영상, 연예, 예술, 방송, 조명.

* 전기통신 관련업, 기술, 금속기계, 광소재.

* 개인 자유 업종, 유통, 운수, 택배, 관광.

* 개인 숍(포목, 의류, 패션, 화장품, 향수, 학원, 웨딩 관련), 서비스업.

* 주역, 영적 체험, 동양철학, 요가, 명상 · 참선 · 기도, 종교 지도자, 특정 이론의 전문가.

43. 병오(丙午) 적성의 예			
홍길동(배우)		19**년 **월 **일	
	己	丙	丁
	巳	午	亥

43. 병오(丙午) 적성.

월지 오(午) 화와 월간의 병(丙) 화가 통근.

[영상, 예술]

44. 정미(丁未) 간지의 특성과 분석	
(천)간 丁	
특성	인공적인 빛과 열, 등불, 열기, 사상, 영적 작용(심령), 집중, 섬세, 상상력, 감성, 합리성, 봉사 정신, 원칙, 소극적, 조심성, 노력, 끈기, 객관성, 사고력, 생장운동 활성화, 영리함, 온화, 은근한 추진력, 깔끔/단정, 현실적, 양심적, 정직.
연관 직업	달, 별, [전기/전자, 통신, 인공 열·빛, 전시, 광고, 홍보, 디스플레이], 뜨거운 물질, 보일러, 주유·가스, 사진, 레이저, 안내, 봉사.
(지)지 未(식신)	
특성	늦더위, 가뭄, 건조 토양.
연관 직업	토지, 도로, 담, 주차장, 마을, 전신주, 사찰, 건축재.

(지)장간	분석
丁 (비견) 乙 (편인) 己 (식신)	지지가 식신이며 지장간이 정을기(丁乙己/비견 편인 식신) 구조이다. 지장간에 비견과 식신이 있어서 주체적으로 궁리하고 연구한다. 편인의 영향으로 보수적이며 신비한 것에 관심이 많다. 화술이 뛰어나고 현실적, 긍정적 사고에 진취적이다. 지장간이 편인, 비견, 식신의 구조라 타인을 배려하고 봉사 정신도 있다. 두뇌 회전이 빨라 추진력이 있고 소유욕과 독립심도 있다. 사고와 행동력이 적극적이고 명예와 재물을 모두 쟁취하여 성공할 가능성이 많다.

44. 정미(丁未) 적성

* 전문직, 교육, 연구직, 개인 사업, 조립 · 생산, 몸을 쓰는 직업,
 스포츠, 서비스.

* 토목, 건설, 기술, 기능, 설계.

* 기예, 예능, 연예, 방송.

* 문학, 종교, 활인.

* 전기/전자, IT, 컴퓨터 관련.

* 해양, 수산, 해운, 전문기술직업.

* 변호사, 언론, 의료, 치의학, 회계사.

* 금속, 기계 관련 사업, 중장비 사업.

* 식음료, 식품, 가공업, 요식업.

44. 정미(丁未) 적성의 예			
홍길동(운동/배우)		19**년 **월 **일	
	庚	丁	丁
	戌	未	亥

44. 정미(丁未) 적성.

월지 미(未)의 지장간(丁乙己) 중 정(丁)이 연간 및 월간과 통근.

[스포츠, 연예]

45. 무신(戊申) 간지의 특성과 분석	
(천)간 戊	
특성	중력, 자연의 땅, 토양, 생명 활동 공간, 저장성, 안정감, 수용성, 대기권(거대함), 포용성, 큰 스케일, 고집, 고독한 공간(교섭 · 조화 · 중재 · 조정), 종합과 통일, 집단중심, 중개, 조절.
연관 직업	산, 평야, 토건, 건축, 제방, 지구, 부동산, 가옥, 대지, 기체 공간, 종교, 철학, 의약.
(지)지 申(식신)	
특성	만물이 익어 가고 단단해짐, 서늘함, 응고, 결실, 암반, 금속, 미적 재능, 권력욕.
연관 직업	금속성 도구, 선박, 기계, 바퀴, 다재다능, 재치.

(지)장간	분석
戊 (비견) 壬 (편재) 庚 (식신)	지지가 식신이며 지장간이 무임경(戊壬庚/비견 편재 식신) 구조이다. 지지와 지장간에 식신이 있어 궁리와 연구성이 강하며 지장간의 편재가 있어 결실을 맺는다. 자기주장이 강하고 활동력과 표현력이 강하며 부지런하다. 타인에 대한 배려심과 이해심이 있다. 상상력, 추리력, 응용력을 가지고 있으며 결실 추구형이니 노력한 만큼 결실을 이룬다. 주체성도 있고 미래지향적이며 명예보다 재물을 중시하기도 하지만 학문에도 능하다. 일반적인 사업보다는 고부가가치 산업으로 성공할 가능성이 높고 왕성한 활동력으로 실력을 발휘하게 된다.

45. 무신(戊申) 적성

* 예술, 창작, 발명, 기획.

* 바이오산업, 신약 개발, 의약, 성형외과.

* 철학, 종교, 상담, 영혼 치료, 심리 치료, 자선사업.

* 교육, 강의, 언어, 외국어.

* 생산, 제조, 상품개발, 식품 · 조리, 요식업, 수산업, 서비스, 자영업.

* 건축자재, 토목, 건축, 건설, 부동산.

* 군 · 검 · 경, 공무원, 재정.

* 기술, 기계, 전문기술사업.

* 운수, 해운, 무역, 이동이 많은 직장, 외국기관.

* 광산, 금속, 철재, 철물.

45. 무신(戊申) 적성의 예		
홍길동(만화가)		19**년 **월 **일
	癸	戊	丁
	亥	申	亥

45. 무신(戊申) 적성.

월지 신(申)의 지장간(戊壬庚) 중 임(壬)과 일간 계(癸)가 통근.

[예술, 창작]

46. 기유(己酉) 간지의 특성과 분석	
(천)간 己	
특성	토양, 흙(온화한 비습토), 모성애적 대지(편안함, 포용성), 마지막 끝마무리[양(陽) 운동에서 음(陰) 운동으로 전환], 땅에서 일어나는 모든 생명 활동의 근원/배경, 휴식, 자애, 생명의 활동 공간이자 밑바탕, 이해타산 없음, 마음의 의지처, 수동적, 수용성, 타인 배려, 섬세, 현실감, 가정적.
연관 직업	옥토, 도로, 도자기, 과수원, 삼림, 묘지, 어머니, 유동성·수동성·동식물 관련.
(지)지 酉(식신)	
특성	결실, 섬세, 깔끔, 냉정, 내성적.
연관 직업	금속 관련, 보석, 의료, 정밀기계, 침, [공학·엔지니어링·컴퓨터·전기/전자·IT] 관련, 설계.

(지)장간	분석
庚 (상관)	지지가 식신이며 지장간이 경신(庚 辛/상관 식신) 구조이다. 지지와 지장간의 식상이 발달하여 연구·궁리하는 성격이 강하다. 두뇌가 명석하고 인정도 있지만 내면은 냉철한 편이다. 언변이 좋고 섬세하여 예술적 기질이 있고 안정을 추구하며 한 분야를 전문적으로 연구하는 전문 자유직 적성이다. 지장간의 구조가 단순하여 간단명료한 것을 좋아하고 복잡한 것을 싫어한다.
辛 (식신)	지지가 식신이라 왕성한 재물을 생산할 수 있는 능력이 있고 자신이 원하는 일에 전념하는 것이 적성에 맞다.

46. 기유(己酉) 적성

* 학교, 연구기관, 외국(문학)어 강의, 통·번역, 작가, 문학, 출판, 도서관, 박물관.

* 중개, 컨설팅, 상담.

* 교육, 훈련, 강사, 관리, 통제, 교관.

* 금속도구(가위, 칼, 주사기, 철침, 보석, 방울, 동전, 거울, 액세서리 등)나 금속·광물질을 사용하는 직업, 치과, 치기공, 금속 세공·기계, 인각.

* 전문직, 전문자격, 애널리스트, 의약, 부동산, 구류술업.

* 제조, 생산, 식품 제조, 식품 통상, 수산업.

* 공직, 검경, 법조, 세무.

* 연구가, 예술.

46. 기유(己酉) 적성의 예		
홍길동(경찰/정치인)	19**년 **월 **일	
辛	己	壬
亥	酉	寅

46. 기유(己酉) 적성.

월지 유(酉)와 일간 신(辛)이 통근. 경찰관 출신 정치인.

[검경, 공직]

47. 경술(庚戌) 간지의 특성과 분석	
(천)간 庚	
특성	독립적 주체성, 고집, 냉기, 투명함, 솔직담백함, 독립성, 성장 억제(한기, 냉기) 작용, 응집성, 단단함, 천진난만, 견제, 고정성, 보수성, 결실/수확, 금전, 엄숙, 수직적, 원칙적, 우직, 의지.
연관 직업	원석, 철광, 기계공학, 군·검·경, 의약, 차량, 중기, 광업.
(지)지 戌(편인)	
특성	조열한 토양, 건조, 싸늘함, 결실, 신념, 사색, 성찰.
연관 직업	마무리, 창고, 집, 사찰, 부동산, 관광, 풍류와 예술적 재능.

(지)장간	분석
辛 (겁재) 丁 (정관) 戊 (편인)	지지가 편인이며 지장간이 신정무(辛丁戊/겁재 정관 편인) 구조이다. 지지에 편인이 강하여 운명, 철학 등 신비적이고 초월적인 분야에 관심이 많다. 지장간에 겁재의 영향으로 경쟁심과 승부욕이 대단하다. 보수적 성향이며 고집이 세고, 재물보다 명예욕이 강하고 공부 욕심과 인내심이 좋다. 만인을 계도하는 지도자적 자질이 있다. 두뇌 회전이 빠르고 직관력과 영감이 뛰어나다. 타고난 재능에 기술이 더해 자기 사업과 조직에도 좋다.

47. 경술(庚戌) 적성

* 신비하고 형이상학적인 분야, 종교, 철학, 역술, 활인업.

* 사관학교(장교, 무관), 사회봉사, 정치 외교, 법조, 군·검·경, 수사, 세관, 세무, 감사.

* 의류, 패션, 디자인, 예술.

* 의·한의·수의·약·물리치료.

* 공학, 화공, IT, 전자, 철공, 레이저가공, 기계금속, 기술 조직, 연구직, 기술사업, 임대사업.

* 언론, 상담, 교육, 교수, 강사.

47. 경술(庚戌) 적성의 예		
홍길동(법조인)	19**년 **월 **일	
庚	庚	壬
寅	戌	寅

47. 경술(庚戌) 적성.

월지 술(戌)의 지장간(辛丁戊) 중 신(辛)과 월간이 통근.

[법조, 검찰]

48. 신해(辛亥) 간지의 특성과 분석	
(천)간 辛	
특성	보석(빛나고 차갑고 정제된 광물), 단단한 결정체, 예리함(칼·무기), 응집·응축력 최강, 빨아들임, 매운맛, 냉정, 살벌함, 종자, 결실, 상대적이며 경쟁적 주체성(경쟁, 투지, 질투, 생존 욕구), 자기중심적, 이성적, 논리적, 섬세, 예민, 총명, 분석비판력, 절제, 자존심, 단호함.
연관 직업	광물질, 정밀기계, 의료, 조각, 이미용, 뾰족한 금속, 결정물(씨앗·견과·보석), 과일, 장신구.
(지)지 亥(상관)	
특성	바다, 호수, 우물, 끝, 씨앗 저장, 활동성 미약, 에너지 약화.
연관 직업	물·소리 관련업, 인기·생명·의술·연예 관련.

(지)장간	분석
戊 (정인) 甲 (정재) 壬 (상관)	지지가 상관이며 지장간이 무갑임(戊甲壬/정인 정재 상관) 구조이다. 지지와 지장간에 상관이 있어 언변이 뛰어나며 선견지명에 기억력도 좋고 타인에 대한 배려심이 있다. 강한 상관으로 내면을 표현하기 위해 궁리와 연구를 잘한다. 지장간 정재의 영향으로 손해 보는 일은 하지 않지만 꼭 써야 할 때는 쓴다. 간지가 금생수로 논리와 질서가 정연하며 생각이 복잡하지 않고 단순 명료하다. 날카로운 비판력이 있으며 언변이 좋은 협상가 스타일로 끈질기고 집념도 대단하다.

48. 신해(辛亥) 적성

* 물·소리 관련업, 인기·생명·의술·연예 관련.

* 종교, 주역, 점술, 동양철학, 활인, 구류술업.

* 재물의 통제와 관리(금융계통), 재정, 주식·선물·외환.

* 언어 술사, 출판, 도서, 고문헌.

* 교육, 상담, 언론, 정보, 기획.

* IT, 벤처, 전문기술, 연구직.

* 제조, 유통, 임대, 숙박.

* 사법, 군·검·경, 행정관리.

* 운수, 수산, 해운, 요식업.

* 문화, 예술, 예능, 미술, 음악, 방송.

48. 신해(辛亥) 적성의 예			
홍길동(문학/웹 소설가)		19**년 **월 **일	
	庚	辛	壬
	戌	亥	申

48. 신해(辛亥) 적성.

월지 해(亥)의 지장간(戊甲壬) 중 임(壬)이 연간 임(壬)과 통근.

[출판, 도서, IT]

49. 임자(壬子) 간지의 특성과 분석	
(천)간 壬	
특성	기체, 공기, 대기권, 흡수력, 정화, 유동성, 정체성, 저장성, 변동성, 확산성, 냉기, 식욕, 습도, 수증기, 큰물, 큰바다, 호수, 흐름, 궁리, 창의성, 변화, 통찰력, 연구, 자기 수련, 종교, 철학, 기획능력, 논리.
연관 직업	홍보, 발명, 창의, 유통, 냉기, 연구, 기획, 강의, 저장성, 큰 스케일, 청각 예술.
(지)지 子(겁재)	
특성	종자, 응축 에너지, 액체, 얼음, 냉기, 밤 활동.
연관 직업	교육, 종교, 철학, 의학, 연예, 비밀·밤과 관련된 일.

(지)장간	분석
壬 (비견) 癸 (겁재)	지지가 겁재이며 지장간이 임계(壬 癸/비견 겁재) 구조이다. 지지와 지장간에 비겁이 있어 경쟁심이 강하다. 유연성, 융통성, 포용력이 있으며 늘 움직이고 분주하며 생각이 많다. 지혜와 총명함으로 두뇌 회전이 빠르고 치밀하며 차분하다. 이해심과 통솔력이 있고 계산적이며 예민하다. 영감이 뛰어나 예술이나 기예에 뛰어나다. 남에게 지지 않으려는 승부욕이 대단하다. 전문 자유직 적성이며 간섭을 덜 받는 관리직이나 운영자가 적합하다. 자신이 하고 싶어야 하는 스타일이다.

49. 임자(壬子) 적성

* 예술적 감수성·재능 탁월, 직관·영감·창조성의 능력.

* 교육, 교직, 상담, 봉사·시민 활동, 정치.

* 생명공학, 공학, 기술, 전문기술, 전문 연구직.

* 공사조직, 조직관리, 기획, 관리, 총무, 설계.

* 활인, 종교, 생사여탈, 의약.

* 승마, 스포츠, 무관.

* 탄광, 어업, 해운수산업, 수렵, 수석, 식품 가공.

* 공직, 군·검·경, 교도관.

* 무역, 개인 자유 업종, 소개업, 관광, 숙박.

49. 임자(壬子) 적성의 예			
홍길동(전 총리/정치인)		19**년 **월 **일	
	庚	壬	壬
	子	子	辰

49. 임자(壬子) 적성.

월간과 월지가 통근.

[공직, 정치]

50. 계축(癸丑) 간지의 특성과 분석
(천)간 癸

특성	물, 눈물, 샘물, 혈액, 액체, 생명의 근원, 사교성, 유희, 소리, 정화(淨化), 변신, 응집력, 양면성, 예술성, 모여 있음, 유동성, 응결(액체의 모습), 씨앗(종자, 자식), 생산, 성취, 연예인의 재능(감각, 몸과 끼의 재주), 구체성, 지혜·명석, 논리, 화술, 사고.
연관 직업	우유, 온천, 물 관련, 해운, 외교 관련, 감수성 풍부, 청각 예술, 연예, 예술, 사고, 무대, 빛(조명), 언어(화술), 항공.
(지)지 丑(편관)	
특성	우직한 소, 논밭, 습지, 묘지.
연관 직업	교육, 의료, 종교, 철학, 자영업, 프리랜서.

(지)장간	분석
癸 (비견) 辛 (편인) 己 (편관)	지지가 편관이며 지장간이 계신기(癸辛己/비견 편인 편관) 구조이다. 지장간의 인성과 비견이 상당히 강하고 직관력, 유연성, 융통성, 원칙적인 소신과 인내심이 강하다. 기억력이 좋고 차분하며 근면 성실하고 명예와 자존심을 중시한다. 내성적인 편이다. 편관과 편인의 영향으로 직관력과 영감이 좋아 역학, 수행, 무속, 종교 등 신비적인 분야에 관심이 많다. 조직 직장길이 순조로우나 전문자격이 있으면 자기 사업도 괜찮다.

50. 계축(癸丑) 적성

* 의약, 의학 관련 조직.

* 감독, 운영, 관리.

* 의류·패션, 화장·미용, 방송, 연예.

* 식품 통상, 무역, 물류유통.

* 종교, 역학.

* 교육, 강의, 외국어.

* 조사·검열, 특수직(수사, 탐지, 소방), 탐정, 경호, 첩보, 검경,
  운동선수.

* 외교, 권력기관, 행정, 일반 사회 조직.

* 사회적 기업, 교육기관, 연구기관.

* 자격사업, 납품제조업, 약용식물교육, 교육 사업, 전문기술사
  업, 부동산업.

50. 계축(癸丑) 적성의 예		
홍길동 (전직 대통령)		19**년 **월 **일
	乙	癸	壬
	亥	丑	辰

1군-50. 계축(癸丑) 적성.

월지 축(丑)의 지장간(癸辛己) 중 계(癸)가 월간 계(癸) 및 연간

임(壬)과 통근.

[행정, 권력기관]

2군-60. 계해(癸亥) 적성.

지지 해축(亥丑)이 해자축합수의 반합이고 임계(壬癸)와 통근.

[법조, 정치, 외교]

51. 갑인(甲寅) 간지의 특성과 분석	
(천)간 甲	
특성	봄기운, 시작, 성장, 생명력, 전진, 활동적, 포부, 동심(童心) 기질, 통제와 관리, 추진력, 경쟁력, 탄력성, 직선적 전진, 경직, 자존심.
연관 직업	자동차, 스프링, 드릴, 로켓, 유아, 교육, 목재·제지·섬유, 농업·원예·조림, 건축, 예체능, 신문, 방송, 연예, 정치 외교, 최첨단 기술, 통제력(정치·권력).
(지)지 寅(비견)	
특성	생명 활동, 직진성, 상향성, 탄력성, 권력욕.
연관 직업	목재, 가구, 지물, 섬유, 문구, 화폐, 유아, 교육, 기획, 설계, 디자인, 연예.

(지)장간	분석
戊 (편재) 丙 (식신) 甲 (비견)	지지가 비견이며 지장간이 무병갑(戊丙甲/편재 식신 비견) 구조이다. 지지와 지장간에 비견이 있어 주체성이 강하다. 통제를 하기 위해 궁리하고 자신이 내린 판단에 대해 번복이 불가하다. 천상천하유아독존 타입으로 절대 복종을 강요하기도 하고 물질적인 관심이 많다. 자존심이 강하고 남의 아래에서 일을 하는 적성이 아니라 독립적인 전문 자유직이 적합하다. 승부욕이 강하고 고집이 세며 추진력이 강하다.

51. 갑인(甲寅) 적성

* 학자, 교사, 교수, 교육, 어학, 학원.

* 기술, 최첨단 기술, 화공/화학, 공학, 전기/전자, IT, 전문직, 의약, (개발) 연구직, 관리 감독.

* 조경, 제지, 목재, 섬유, 의류.

* 활인업, 종교, 심리상담, 구류술업.

* 검사·검증, 감사, 연구기관.

* 문학, 문화, 예술, 연예, 예체능, 신문, 언론, 방송.

* 공직, 정치 외교.

* 자리·감투·공직·학문적 성취·저술 활동에 대한 집착/성과.

* 군·검·경, 교도관, 법조, 무관, 운동, 경비업.

* 토목, 건설, 건축, 부동산.

* 식음료, 식품업, 제조업, 영업, 무역.

* 경영, 회계, 경제, 경영, 전문 분야의 사업, 일반 사업, 주택 관련 사업.

51. 갑인(甲寅) 적성의 예			
홍길동(배우)		19**년 **월 **일	
	甲	甲	戊
	寅	寅	午

51. 갑인(甲寅)적성.

월간과 월지가 통근. [연예, 방송]

52. 을묘(乙卯) 간지의 특성과 분석	
(천)간 乙	
특성	식물적 생존본능, 생존력, 실속, 물질·경제적, 섬세, 치밀, 유연, 현실성(적응성·사교성·생존력·유연성), 조밀, 실리추구, 친화력, 호소력, 사교적 처세술, 집결, 곡선적·유연성·다양함, 용의주도.
연관 직업	화초, 곡식, 종이, 가구, 문구, 책, 출판, 인쇄, 교육, 강의, 말하기, 숙박, 여행, 레저, 예체능, 기술, 요식업, 유통, 제조업, 컨설팅, 의학, 생명, 정밀기계, 컴퓨터, 금속, 설계, 야구 투수, 토목, 건축, 인테리어, 몸, 피부, 연예계.
(지)지 卯(비견)	
특성	활발, 생명력, 예민, 감수성.
연관 직업	초목, 곡물, 과일, 채소, 서책, 신문, 문서, 문구류, 교육, 기획, 제조, 생산, 식품, 의료, 화장, 건축, 설계.

(지)장간	분석
甲 (겁재)	지지가 비견이며 지장간이 갑을(甲 乙/겁재 비견) 구조이다. 외유내강형으로 온화하고 자기주장이 분명하다. 생활력이 강하고 환경 적응력도 좋다. 화술이 좋고 똑똑하며 추진력이 강하고 남의 간섭과 지적을 싫어하며 성공하려면 인내력과 지구력을 길러야 한다.
乙 (비견)	인정 많고 박학다식하며 창조 정신이 강하다. 자신을 낮출 줄 아는 겸양지덕을 기르면 대성할 수 있다. 교육 관련 분야나 전문 자유직이 맞다.

52. 을묘(乙卯) 적성

* 생명과 몸, 피부 등을 직접 다루는 직업, 미용, 화장품, 침술, 의약, 소아과, 정신과.

* 봉사 · 복지, 환경단체.

* 컴퓨터, 게임, 공학, 기술.

* 개인 사업 · 장사, 기업운영, 무역.

* 악기, 기능, 예술(시각 예술), 의류, 디자인, 창작, 기획.

* 외국(외국어)과 관련되는 일과 직업, 여행.

* 토목, 부동산, 인테리어.

* 활인, 구류술업.

* 화원, 청과, 농업, 농수산업, 식품 가공, 제조, 생산, 요식업.

* 전문 분야, 주식, 금속 관련.

* 행정, 공무원, 군 · 검 · 경, 법조.

* 문학, 신문, 방송, 연예.

* 교육, 교수, 교사, 강사.

52. 을묘(乙卯) 적성의 예			
홍길동(영화제작자)		19**년 **월 **일	
	丙	乙	戊
	午	卯	寅

1군-52. 을묘(乙卯) 적성.

월간과 월지가 통근. [사업, 기획, 예술]

2군-43. 병오(丙午) 적성.

지지 인오(寅午)가 인오술합화의 반합이고 일간과 통근.

[영상, 예술, 경영]

53. 병진(丙辰) 간지의 특성과 분석	
(천)간 丙	
특성	태양, 자연의 불과 빛, 光, 광선, 광합성, 발산, 폭발, 신(神, 영체), 정신, 사상, 신비, 적극적, 직설적, 억압, 폭발, 열정, 화려, 저돌·도전적, 자신만만, 독선적, 사치, 예술적(특히 시각 예술), 호승심, 호기심, 리더십, 추진력, 원리원칙, 공명정대, 직진성, 엄격, 공익, 희생, 정의.
연관 직업	태양, 조명, 밝은 물질, 폭발물, 용광로, 보일러, 엔진, 방사선, 음식, 조리, 술, 의약, 군·검·경, 교도(행정), 소방, 사격, 양궁, 항공, 해운, 조명, 시각 예술, 연예, 영상, 영화, 무대, 의상, 디자인, 선전·광고·홍보, 외국·외국어, 이동 관련.
(지)지 辰(식신)	
특성	습지, 진흙, 봄, 풍류, 자연, 활동적.
연관 직업	댐, 저수조, 생산력, 기획, 홍보, 언론, 방송, 예술적 재능, 관광.

(지)장간	분석
乙 (정인) 癸 (정관) 戊 (식신)	지지가 식신이며 지장간이 을계무(乙癸戊/정인 정관 식신) 구조이다. 식신이 강해 궁리·연구성이 좋아 지식을 많이 흡수할 수 있다. 정인이 있어서 직관력이 좋으며 관인상생이 되어 학자, 교육자, 공무원, 공기업 등이 적합하다. 지장간의 정관의 영향으로 과거 지향적이고 보수적일 수 있는데 시대에 맞는 미래 지향적인 성향을 키울 필요가 있다.

53. 병진(丙辰) 적성

* 전문직, 전문연구직, 기술, 전기/전자, 레이저, 공업, 금속, 기계, 화학 제조.

* 육·해운, 해양, 수산업.

* 학자, 교육, 학원.

* 요식업, 식품.

* 군인, 사법관, 경찰, 행정, 공무원, 공기업.

* 종교, 활인, 의약.

* 원예, 육림, 농업, 토산품, 모래 채취, 토목, 건축, 창고업, 인테리어.

* 시각 예술, 영상, 연예.

* 항공, 외국어(언어·문화생활).

53. 병진(丙辰) 적성의 예			
홍길동(군인/정치가)		19**년 **월 **일	
	甲	丙	戊
	辰	辰	辰

1군-53. 병진(丙辰) 적성.

월지 진(辰)의 지장간(乙癸戊) 중 을무(乙戊)와 일간 갑(甲)과 연간 무(戊)가 각각 통근. [군인, 행정]

2군-5. 무진(戊辰) 적성.

지지가 모두 진토(辰土)이고 천간 무와 통근.

[공직, 군경]

54. 정사(丁巳) 간지의 특성과 분석
(천)간 丁

특성	인공적인 빛과 열, 등불, 열기, 사상, 영적 작용(심령), 집중, 섬세, 상상력, 감성, 합리성, 봉사 정신, 원칙, 소극적, 조심성, 노력, 끈기, 객관성, 사고력, 생장운동 활성화, 영리함, 온화, 은근한 추진력, 깔끔/단정, 현실적, 양심적, 정직.
연관 직업	달, 별, [전기/전자, 통신, 인공 열·빛, 전시, 광고, 홍보, 디스플레이], 뜨거운 물질, 보일러, 주유/가스, 사진, 레이저, 안내/봉사.

(지)지 巳(겁재)	
특성	더위 시작, 뱀(왕홀, 권위, 복장, 의약, 신성성), 직설적 언어, 적극적.
연관 직업	빛나는 [물질·사물·현상] 관련, 자동차, 기차, 항공, 전기/전자, 금융, 언론, 방송, 유통.

(지)장간	분석
戊 (상관) 庚 (정재) 丙 (겁재)	지지가 겁재이며 지장간이 무경병(戊庚丙/상관 정재 겁재) 구조이다. 지지와 지장간에 겁재의 영향으로 경쟁심과 승부욕이 강하다. 지장간 정재의 영향으로 치밀하고 실속적이다. 영적인 감각이 좋고 이해타산을 정확하게 따지며 생각이 많다. 매사 활동성이 두드러지고 강한 의지를 지닌다. 주관이 확실하며 매사 적극성으로 남다른 노력을 한다. 전문 자유 직업이 적합하다.

54. 정사(丁巳) 적성

* 대인 관계 사업, 관리자, 상담, 교육, 학원 관련.

* 관리 감독, 행정, 공무원.

* 운수, 물류 유통, 무역.

* 전기/전자, 인터넷.

* 기예, 스포츠.

* 전문기술직, 의학, 약학, 치의학 관련.

* 해양, 수산, 물과 관련된 무역.

* 금속, 기계 관련 제조 · 가공.

* 경영, 경제, 회계, 세무, 농업, 토목, 인테리어, 임대.

* 군 · 검 · 경, 법조, 관직, 정치.

* 연기, 연예, 예능, 방송.

* 특수직, 생살여탈직, 전문 자유직, 여행, 광고.

54. 정사(丁巳) 적성의 예		
홍길동(방송 예능PD)	19**년 **월 **일	

	戊	丁	癸
	申	巳	酉

54. 정사(丁巳) 적성.

월주가 통근. [감독, 예능, 방송]

55. 무오(戊午) 간지의 특성과 분석	
(천)간 戊	
특성	중력, 자연의 땅, 토양, 생명 활동 공간, 저장성, 안정감, 수용성, 대기권(거대함), 포용성, 큰 스케일, 고집, 고독한 공간(교섭·조화·중재·조정), 종합과 통일, 집단중심, 중개, 조절.
연관 직업	산, 평야, 토건, 건축, 제방, 지구, 부동산, 가옥, 대지, 기체 공간, 종교, 철학, 의약.
(지)지 午(정인)	
특성	태양, 눈, 감수성, 폭발성, 과시욕.
연관 직업	전기/전자, 엔진, 화약, 폭발, 시각 예술적 재능, 조명, 카메라, 언론, 광고, 연예/엔터테인먼트 관련.

(지)장간	분석
丙 (편인) 己 (겁재) 丁 (정인)	지지가 정인이며 지장간이 병기정(丙己丁/편인 겁재 정인) 구조이다. 지지에 편인이 있어 종교, 심리, 철학, 역학 등의 정신적인 분야에서 왕성한 활동으로 성공하는 경우가 많다. 몸을 많이 움직이는 것을 싫어하며 현실적인 면이 둔하다. 일에 대한 집착력이 약하고 재물보다 명예를 중시한다. 공부, 학문, 자격증, 특허, 교재 집필 등 공부 욕심이 많다. 그림이나 글씨에 소질이 있고 학문을 좋아하며 영감이 발달하여 직관력을 갖추어 정신적 활동이 맞는다. 자기 사업이나 지도자 길이 어울린다.

55. 무오(戊午) 적성

* 권위적인 조직, 공무원, 공직, 다단계 조직.

* 기계, 금속, 장비, 주사, 바늘 등의 관련업.

* 자유 시간이 많은 일, 손재주, 서예, 서화, 회화, 미술, 문화, 시각 예술적 재능.

* 조명, 카메라, 언론, 광고, 연예/엔터테인먼트 관련.

* 프리랜서, 개인 자유업, 섬유, 문구.

* 구류술업, 활인, 종교, 철학, 역학, 정신 학문, 음양오행, 힐링, 사회봉사, 심리상담.

* 교사, 교육·양육·보육, 강사, 상담가.

* 전기/전자, 공학.

* 살생대권직, 의약, 간호.

* 고물상, 토목, 건축, 부동산, 임대.

* 학자, 문서, 분석.

* 군·검·경, 무관, 수사, 법조, 권력기관.

* 경영, 경제, 회계, 재무.

* 교통, 운수, 해운, 수산, 무역.

* 관광, 숙박.

55. 무오(戊午) 적성의 예			
홍길동(정치지도자)		19**년 **월 **일	
	丁	戊	癸
	酉	午	巳

1군-55. 무오(戊午) 적성.

월지 오(午)의 지장간(丙己丁) 중 기정(己丁)이 월간 무(戊), 일간

정(丁)과 각각 통근.

[공직, 권력기관]

2군-54. 정사(丁巳) 적성.

지지 사오(巳午)가 사오미합화 반합이고 일간과 통근.

[정치, 관직]

56. 기미(己未) 간지의 특성과 분석
(천)간 己

특성	토양, 흙(온화한 비습토), 모성애적 대지(편안함, 포용성), 마지막 끝마무리[양(陽) 운동에서 음(陰) 운동으로 전환], 땅에서 일어나는 모든 생명 활동의 근원/배경, 휴식, 자애, 생명의 활동 공간이자 밑바탕, 이해타산 없음, 마음의 의지처, 수동적, 수용성, 타인 배려, 섬세, 현실감, 가정적.
연관 직업	옥토, 도로, 도자기, 과수원, 삼림, 묘지, 어머니, 유동성·수동성·동식물 관련.

(지)지 未(비견)

특성	늦더위, 가뭄, 건조 토양.
연관 직업	토지, 도로, 담, 주차장, 마을, 전신주, 사찰, 건축재.

(지)장간	분석
丁 (편인) 乙 (편관) 己 (비견)	지지가 비견이며 지장간이 정을기(丁乙己/편인 편관 비견) 구조이다. 지혜가 있고 총명하며 신용과 신뢰를 중시하고 적극적인 사고를 지니고 있다. 추상적, 철학적, 영혼 등 신비한 정신적 분야에 관심이 많다. 현실적인 문제에 인지도는 약하지만 한 분야를 밀고 나가면 성공한다. 경쟁이 치열한 직장 생활이나 영업, 광고, 홍보 등 세속적인 사업보다는 전문 특기 자격증을 활용하는 전문 자유직, 교직, 공직이 적합하다. 수동적인 후원자 타입으로 초월적이고 영적인 현상을 남들에게 알기 쉽게 설명한다.

56. 기미(己未) 적성

* 신비, 영혼, 심리, 철학, 정신적, 직관적, 종교 관련.

* 순수 학문 연구, 문학, 작가, 외국어, 강의, 교육·양육·보육.

* 상담, 사회복지, 공익봉사.

* 예술, 예능, 화장, 미술·사진, 시각 디자인/예술 계통, 조명.

* 발명 특허, 특허권, 원천기술, 의료 기술, 의약, 요양.

* 활인, 동양철학, 역학, 퇴마.

* 금융(주식, 보험) 컨설팅, 세무, 기업.

* 여행, 산악, 프로 스포츠, 운동선수, 오락/레저업.

* 전기/전자, 인터넷사업, 통신, 공학, 금속, 기계, 중장비, 철도, 기술, 전문기술.

* 특수직(검찰, 수사), 군·검·경, 무관, 교도관, 공직, 고시, 정치.

* 토목, 건축, 부동산, 중개업, 토산품.

* 해운업, 수산업, 특수 사업.

* 제조, 납품, 운전, 운송, 유통.

56. 기미(己未) 적성의 예			
홍길동(영화감독)		19**년 **월 **일	
	丁	己	戊
	卯	未	辰

1군-56. 기미(己未) 적성.

월간과 월지가 통근. [시각 예술, 조명, 전문기술]

2군-5. 무진(戊辰) 적성.

연주가 통근. [예술]

57. 경신(庚申) 간지의 특성과 분석	
(천)간 庚	
특성	독립적 주체성, 고집, 냉기, 투명함, 솔직담백함, 독립성, 성장 억제(한기, 냉기) 작용, 응집성, 단단함, 천진난만, 견제, 고정성, 보수성, 결실/수확, 금전, 엄숙, 수직적, 원칙적, 우직, 의지.
연관 직업	원석, 철광, 기계공학, 군·검·경, 의약, 차량, 중기, 광업.
(지)지 申(비견)	
특성	만물이 익어 가고 단단해짐, 서늘함, 응고, 결실, 암반, 금속, 미적 재능, 권력욕.
연관 직업	금속성 도구, 선박, 기계, 바퀴, 다재다능, 재치.

(지)장간	분석
戊 (편인) 壬 (식신) 庚 (비견)	지지가 비견이며 지장간이 무임경(戊壬庚/편인 식신 비견) 구조이다. 지장간에 식신의 영향으로 연구와 궁리를 통해 새로운 분야를 개척하고 창조하는 능력이 있으며 추진력이 대단하다. 의지력이 강해서 목표가 정해지면 불도저식으로 밀어붙인다. 다재다능하고 강인한 정신력의 소유자이다. 한 곳에 붙어 있지 못하고 활동 영역을 넓히는 스타일. 리더십이 강해 조직을 잘 이끌며 솔직 담백하여 따르는 사람이 많은 정치가 스타일.

57. 경신(庚申) 적성

* 순수 학문 연구, 문학, 심리, 철학, 종교.

* 발명 특허, 전문기술, 의료.

* 교육, 강의, 교육 사업.

* 예술, 연예, 예체능.

* 금융(주식·보험) 컨설팅, 세무, 기업, 특수 사업.

* 기계, 기술, 금속, 철도, 운전, 운송업, 중장비 관련.

* 고시, 군·검·경, 수사 기관, 교도관, 공직, 정치.

* 무관, 프로 스포츠, 운동선수, 오락/레저업.

* 제조, 납품, 유통, 토목, 건축, 기관, 해양수산 관련.

57. 경신(庚申) 적성의 예			
홍길동(가수)		19**년 **월 **일	
	戊	庚	戊
	寅	申	戌

1군-57. 경신(庚申) 적성.

월간과 월지가 통근. [연예, 예체능]

2군-35. 무술(戊戌) 적성.

연주가 통근. [예술]

58. 신유(辛酉) 간지의 특성과 분석

(천)간 辛	
특성	보석(빛나고 차갑고 정제된 광물), 단단한 결정체, 예리함(칼·무기), 응집·응축력 최강, 빨아들임, 매운맛, 냉정, 살벌함, 종자, 결실, 상대적이며 경쟁적 주체성(경쟁, 투지, 질투, 생존 욕구), 자기중심적, 이성적, 논리적, 섬세, 예민, 총명, 분석비판력, 절제, 자존심, 단호함.
연관 직업	광물질, 정밀기계, 의료, 조각, 이미용, 뾰족한 금속, 결정물(씨앗·견과·보석), 과일, 장신구.

(지)지 酉(비견)	
특성	결실, 섬세, 깔끔, 냉정, 내성적.
연관 직업	쇠붙이 관련, 보석, 의료, 정밀기계, 침, [공학·엔지니어링·컴퓨터·전기/전자·IT] 관련, 설계.

(지)장간	분석
庚 (겁재)	지지가 비견이며 지장간이 경신(庚 辛/겁재 비견) 구조이다. 간지가 모두 같은 금오행으로 경쟁적인 주체로 뭉쳐 있기 때문에 주관이 확고하고 청고하다. 특히 학습과 지식 방면으로 재주가 많고 예술적 재능이나 기억력이 뛰어나다. 승부 근성이 타의 추종을 불허하므로 직장 생활과 사업이 모두 가능하다.
辛 (비견)	재물에 대한 집념이 강하고 감성이 풍부하며 의리를 중시한다. 결단력이 강하고 자기 주관대로 밀고 나간다. 미적 감각도 뛰어나다.

58. 신유(辛酉) 적성

＊학자, 활인, 종교, 교육, 상담, 경리, 회계.

＊한의·의·약·치의·수 등 의료 관련.

＊전문 연구, 전문기술, 창의성, 연구개발, 설계.

＊행정, 공직, 군·검·경, 법조, 철도, 보건복지.

＊금은방, 보석, 세공, 기술계.

＊방송, 연예, 문화, 예술, 디자이너, 의류.

＊화원, 요식업, 스포츠, 게임 분야.

58. 신유(辛酉) 적성의 예		
홍길동(만화가)	19**년 **월 **일	
	壬	辛	戊
	戌	酉	寅

58. 신유(辛酉) 적성.

월간 신(辛)과 월지 유(酉)가 통근.

[창의성, 문화, 예술]

59. 임술(壬戌) 간지의 특성과 분석	
(천)간 壬	
특성	기체, 공기, 대기권, 흡수력, 정화, 유동성, 정체성, 저장성, 변동성, 확산성, 냉기, 식욕, 습도, 수증기, 큰물, 큰바다, 호수, 흐름, 궁리, 창의성, 변화, 통찰력, 연구, 자기 수련, 종교, 철학, 기획능력, 논리.
연관 직업	홍보, 발명, 창의, 유통, 냉기, 연구, 기획, 강의, 저장성, 큰 스케일, 청각 예술.
(지)지 戌(편관)	
특성	조열한 토양, 건조, 싸늘함, 결실, 신념, 사색, 성찰.
연관 직업	마무리, 창고, 집, 사찰, 부동산, 관광, 풍류와 예술적 재능.

(지)장간	분석
辛 (정인) 丁 (정재) 戊 (편관)	지지가 편관이며 지장간이 신정무(辛丁戊/정인 정재 편관) 구조이다. 지장간 정재의 영향으로 자신에게 손해 볼 일은 안 한다. 하지만 자신이 해야 할 일이라면 아무리 힘든 일이라도 최선을 다한다. 배짱과 뚝심이 강해서 사업가적 재능이 있으며 재물욕이 강하며 스케일이 큰 타입이다. 두뇌 회전이 빠르고 임기응변에 능하며 통찰력과 선견지명이 밝다. 편관이 강해 스트레스가 많고 재물을 추구하므로 전공 분야와 관련 없이 직장을 선택하는 경우가 많다.

59. 임술(壬戌) 적성

* 보편적 · 일반적 직업 적성, 공기업, 대기업.

* 창의적 연구의 교수직, 창작, 전문연구직, 교육.

* 언론 · 신문, 방송 · TV, 프리랜서, 인기 직종.

* 고위 공직, 정치, 공사조직, 기획, 조직관리.

* 의사, 약사, 생명공학.

* 서비스업, 제조, 납품, 숙박, 해운, 승마, 스포츠.

* 금융, 재정, 경제, 주식, 세무.

* 토건, 부동산, 공학, 화학, 금속업, 특수기술.

* 법조, 군 · 검 · 경, 교도관, 특정직 공무원.

* 생사여탈직, 활인업, 구류술업.

59. 임술(壬戌) 적성의 예		
홍길동(법조인/정치인)	19**년 **월 **일	
癸	壬	戊
酉	戌	戌

1군-59. 임술(壬戌) 적성.

월지 술(戌)이 연간 무(戊)와 통근.

[검경, 고위 공직]

2군-35. 무술(戊戌) 적성.

지지 술(戌)과 연간 무(戊)가 통근. [군·검·경, 정치]

60. 계해(癸亥) 간지의 특성과 분석

	(천)간 癸
특성	물, 눈물, 샘물, 혈액, 액체, 생명의 근원, 사교성, 유희, 소리, 정화(淨化), 변신, 응집력, 양면성, 예술성, 모여 있음, 유동성, 응결(액체의 모습), 씨앗(종자, 자식), 생산, 성취, 연예인의 재능(감각, 몸과 끼의 재주), 구체성, 지혜·명석, 논리, 화술, 사교.
연관 직업	우유, 온천, 물 관련, 해운, 외교 관련, 감수성 풍부, 청각 예술, 연예, 예술, 사교, 무대, 빛(조명), 언어(화술), 항공.
	(지)지 亥(겁재)
특성	바다, 호수, 우물, 끝, 씨앗 저장, 활동성 미약, 에너지 약화.
연관 직업	물·소리 관련업, 인기·생명·의술·연예 관련.

(지)장간	분석
戊 (정관) 甲 (상관) 壬 (겁재)	지지가 겁재이며 지장간이 무갑임(戊甲壬/정관 상관 겁재) 구조이다. 두뇌가 좋고 합리적이고 주체성이 있는 외유내강형이다. 지지와 지장간이 겁재 성향으로 경쟁심과 승부욕이 강하다. 차분하고 이성적이다. 지장간 상관은 재주와 기술을 의미한다. 공직 계통에 근무하거나 언변을 활용하는 교육자, 연구가 등의 전문 자유직, 프리랜서가 적합하다. 직장 생활과 사업이 모두 가능하지만 자신만의 특기와 자격증 등의 기술지식을 길러 전문 자유 직업을 선택하는 것이 바람직하다.

60. 계해(癸亥) 적성

* 물·소리 관련업, 인기·생명·의술·연예 관련.

* 예술적 감수성·재능 탁월, 문학, 다재다능(소리·춤·몸), 연예, 예술, 음악, 엔터테인먼트.

* 연구 전문직, 수리과학, 통계학.

* 피부·몸, 운동, 의약, 미용, 간호, 물리치료, 생명공학.

* 법조, 정치 외교, 학자, 교육, 멘토, 상담.

* 항공, 무역, 수출입통관·관세, 관광.

* 새로운 공법의 건설, 영업, 부동산.

* 과학, 발명, 기획, 기술지식 산업.

* 구류술업, 중개, 중매, 농수산, 선원.

60. 계해(癸亥) 적성의 예		
홍길동(증권사 직원)	19**년 **월 **일	
癸	癸	癸
亥	亥	亥

60. 계해(癸亥) 적성.

사실상 계해(癸亥) 간지 하나로 볼 수 있다.

[수리과학, 통계학, 중개]

참고 및 인용

적천수강해(구경회, 동학사), 삼명통회(만민영/김정안 편저, 문원북), 우주 변화의 원리(한동석, 대원출판), 오행대의(윤상철 역, 대유학당), 황극경세(소강절, 대유학당), 자연명리(윤상흠, 신지평), 나이스 사주명리 시리즈(맹기옥, 상원문화사), 사주명리학(김동완, 동학사), 성보의 명리학 일주론(안종선, 스카이미디어&북), 술술 풀리는 명리학 입문1(안종선, 중앙생활사), 사주의 함정(윤상흠, 신지평), 갑술명리학(갑술명리연구소, 인터넷강의교재), 공자의 마지막 공부(김승호, 다산초당), 원샷원킬(이동헌, 지식과 감성#), 간산 사주명리 일주론(남창환, 박재열, 최지현, 허욱, 황원일, 좋은땅), 간산 사주명리학 개론(남창환, 박재열, 최지현, 허욱, 황원일, 좋은땅), 명리, 운명을 읽다(강헌, 돌베개), 우주를 너에게 줄게(남덕, 스타북스), 간지체성론(남덕, 스타북스), 운명은 외상을 사절한다 1·2(남덕, 스타북스), 사주의 혁명(최제현, 지식과감성#), 진로특강수업(근혁, 밥북), 사주 운명을 디자인하다(최제현, 북랩) 명리진로학습코칭(김기승, 노선희, 다산글방), 춘하추동 신사주학(박청화, 청화학술원), The 사주(최제현, 지식과감성#), Life's Secrets Learning the Four Pillars of Destiny(Janet Shin, Authorhouse UK)

※ 인물 출생일 및 기타 참고 인용

　　다음, 네이버, 나무위키

생일만으로 알 수 있는
간지 직업 적성

ⓒ 마고 명리 연구회, 2023

초판 1쇄 발행 2023년 6월 11일

지은이   마고 명리 연구회
펴낸이   이기봉
편집   좋은땅 편집팀
펴낸곳   도서출판 좋은땅
주소   서울특별시 마포구 양화로12길 26 지월드빌딩 (서교동 395-7)
전화   02)374-8616~7
팩스   02)374-8614
이메일   gworldbook@naver.com
홈페이지 www.g-world.co.kr

ISBN   979-11-388-2004-2 (03180)